트럼펫 어드벤쳐

Lesson Book 1

by Brian Thomson   초급용

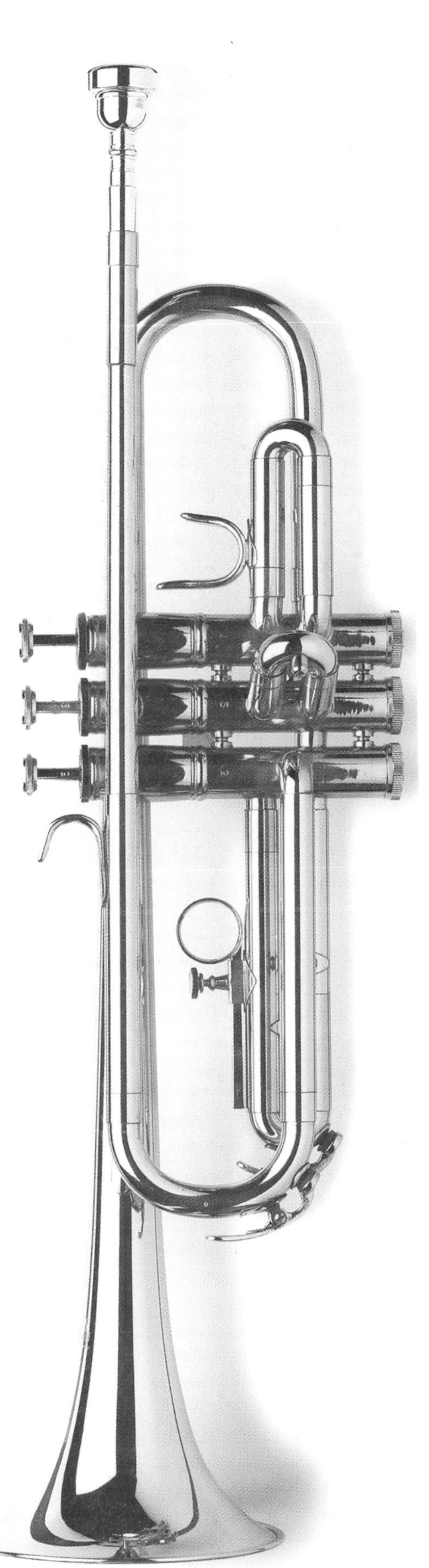

music tree

Foreword

세계적인 스테디셀러 《A New Tune a Day》의 한국어판 《어드벤쳐 시리즈》 전권을 출간하게 된 것을 기쁘게 생각
합니다.

최고의 전문가들이 참여하여 '가장 쉽게 시작하면서도, 정확하게 배울 수 있는 교수법'을 다년간 연구하였습니다.
이 교수법을 바탕으로 바이올린, 플루트, 기타 등 15개의 악기, 총 28권의 교재가 개발되었으며, 음대 교수님들과
오케스트라 음악감독 등 권위자의 감수를 통해 우수성을 검증받았습니다.

본 시리즈는 악기를 중간에 포기하는 일이 없도록 누구나 좋아하는 노래, 클래식, 재즈, 크리스마스 캐롤 등 친근한
레퍼토리를 통해 테크닉과 음악성을 동시에 길러주며, 세심하게 구성된 진도와 CD가 실력을 빠르게 쌓을 수 있도
록 이끌어줄 것입니다. 각 악기별로 공통된 연주곡도 담겨있어 학교 앙상블 수업이나 동호회 연주회에도 효과적입
니다. 바이올린 교재는 첼로, 비올라 교재와, 클라리넷은 색소폰과, 일렉 기타는 베이스 기타, 드럼 교재와 함께 사
용할 수 있습니다.

《어드벤쳐 시리즈》로 평생 즐길 수 있는 나만의 악기를 찾고, 음악을 통해 새롭게 펼쳐질 풍요로운 삶을 누리시기
바랍니다.

**한국어판 감수를 도와주신 서울대학교 최경환, 김재윤 교수님, 한국예술종합학교 오광호, 이강호, 이성우, 이성주, 이철웅 교수님을
비롯하여 원무연, 이하재, 조장휘, 진우경 교수님께 감사 드립니다.**

《어드벤쳐 시리즈》만의 장점

- 교수법을 바탕으로 한 체계적인 진도
- 기초 음악이론과 클리닉을 위한 중간 테스트
- 관련 장비, 자세, 테크닉에 대한 친절한 설명
- 누구나 쉽게 배우는 운지법 차트

- 클래식, 재즈, 팝송 등 연주효과 탁월한 레퍼토리
- 각 레슨마다 학습목표 제시
- 자세와 운지법을 익힐 수 있는 사진과 그림
- 시범연주와 반주가 수록된 CD로 탁월한 연습효과

어드벤쳐 시리즈 구성

악기 종류별 레슨 교재		병행 교재		악기 종류별 레슨 교재		병행 교재	
관악기	플루트 어드벤쳐 레슨 1, 2	연주곡집	스케일 & 아르페지오 교재	현악기	바이올린 어드벤쳐 레슨 1	연주곡집	스케일 & 아르페지오 교재
	클라리넷 어드벤쳐 레슨 1, 2	연주곡집			첼로 어드벤쳐 레슨 1	연주곡집	
	트럼펫 어드벤쳐 레슨 1	연주곡집			비올라 어드벤쳐 레슨 1	연주곡집	
	트롬본 어드벤쳐 레슨 1	연주곡집		기타	클래식 기타 어드벤쳐 레슨 1	연주곡집	
	알토 색소폰 어드벤쳐 레슨 1, 2	연주곡집			어쿠스틱 기타 어드벤쳐 레슨 1	연주곡집	
	테너 색소폰 어드벤쳐 레슨 1	연주곡집			일렉 기타 어드벤쳐 레슨 1	연주곡집	
타악기	드럼 어드벤쳐 레슨 1	연주곡집			베이스 기타 어드벤쳐 레슨 1	연주곡집	
건반악기	피아노 어드벤쳐 레슨 1	연주곡집					

《병행교재》

- **연주곡집:** 레슨 교재 1권 중반부터 병행교재로 함께 배우거나 독주, 앙상블 레퍼토리로 활용하면 좋습니다.
- **스케일 & 아르페지오 교재:** 모든 악기에 사용할 수 있는 스케일 & 아르페지오 교재에는 전통 클래식 음악에 사용되는 장음계와 단음
  계 외에도 록과 재즈 연주에 도움이 되는 블루스, 펜타토닉, 디미니쉬 스케일 등이 수록되어 있어 탄탄한 테크닉을 길러줍니다.

Contents

음악의 첫걸음

보표

줄이 다섯 개라서 오선보라고도 합니다.
음표는 5개의 선 위에 그립니다. 모든 보표에는 악기의 음역을 나타내는 음자리표가 있습니다.

높은음자리표: 주로 선율 악기에 사용

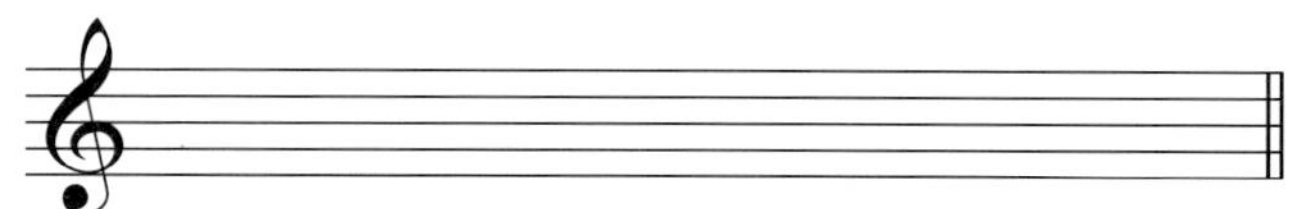

보표에는 마디를 나누는 세로줄이 있습니다.
각 마디의 길이는 동일합니다.

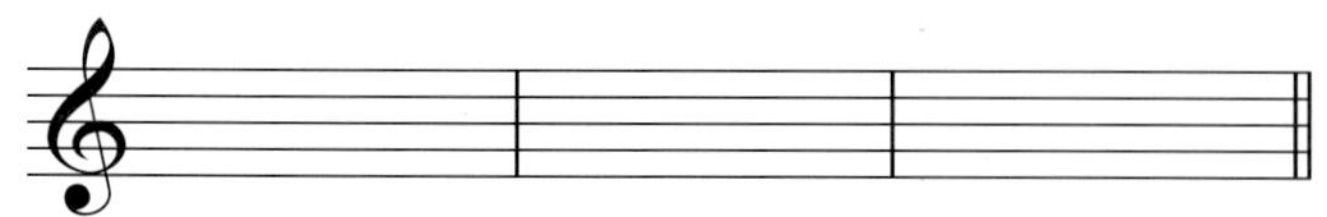

음표와 쉼표의 길이

음표의 길이는 다양한 모양으로 나타냅니다. 음표와 길이가 같은 쉼표도 있습니다.
음표와 쉼표의 이름은 온음표를 몇 개로 나눌 수 있는지를 의미합니다.
온음표를 4로 나누면 4분음표, 8로 나누면 8분음표라고 합니다.

8분음표(반 박) = 8분쉼표(반 박)

4분음표(1박) = 4분쉼표(1박)

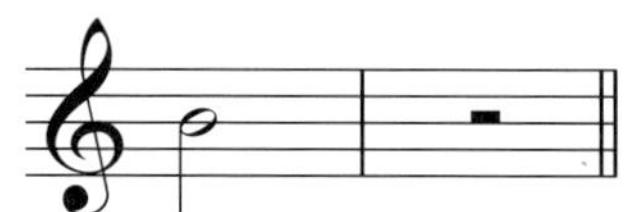

2분음표(2박) = 2분쉼표(2박)

온음표(4박) = 온쉼표(4박)

그 외의 음길이

음표 오른쪽에 점을 찍으면 원래 길이의 절반만큼 음표의 길이가 길어집니다.
예를 들어 점2분음표 하나의 길이는 2분음표와 4분음표를 더한 길이와 같습니다.

8분음표 묶기

둘 이상의 8분음표가 연달아 나올 경우 꼬리를
이렇게 연결할 수 있습니다.

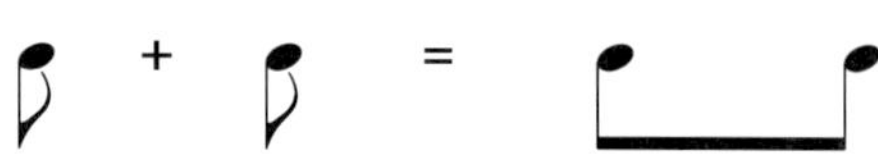

박자표

박자표는 음자리표 옆에 그립니다. 위의 숫자는 한 마디 안에 몇 개의 박이 들어가는지 알려주고, 아래의 숫자는 기준이 되는 음표를 나타냅니다.

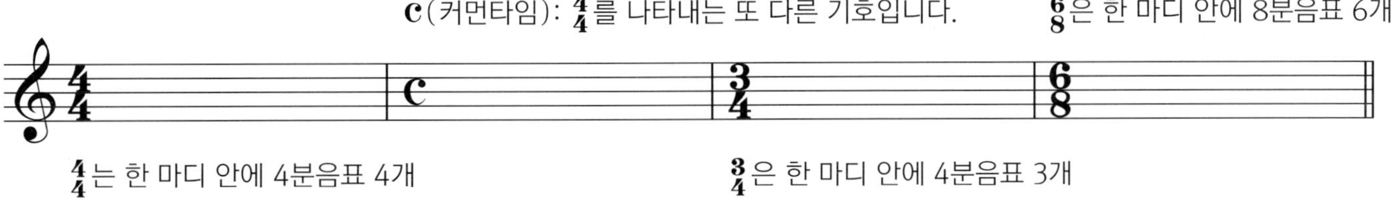

음이름

음이름은 알파벳의 첫 일곱 글자에서 가져온 것입니다. 음은 음높이에 따라 보표의 줄이나 칸 위에 그립니다.

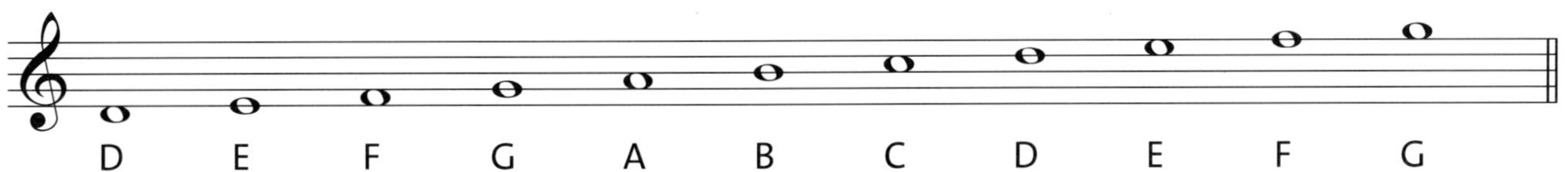

임시표

샵(올림표)이나 플랫(내림표) 같은 임시표 기호를 사용하면 음높이를 반음 내리거나 올릴 수 있습니다.

샵(♯)은 음높이를 반음 올립니다.   제자리표(♮, natural)는 원래의 음높이로 돌아가라는 기호입니다.

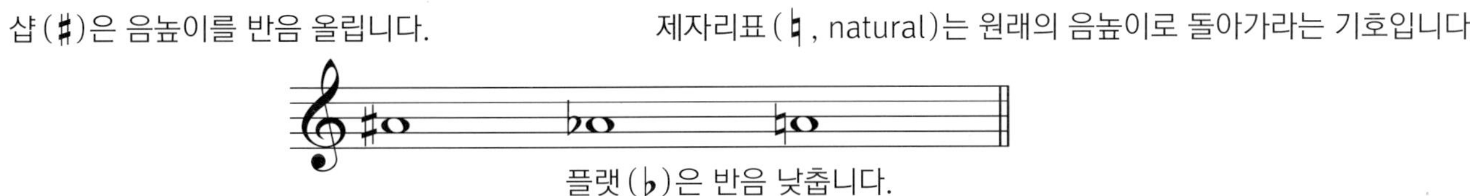

플랫(♭)은 반음 낮춥니다.

덧줄

보표 밖의 음은 덧줄을 그려 표시합니다.

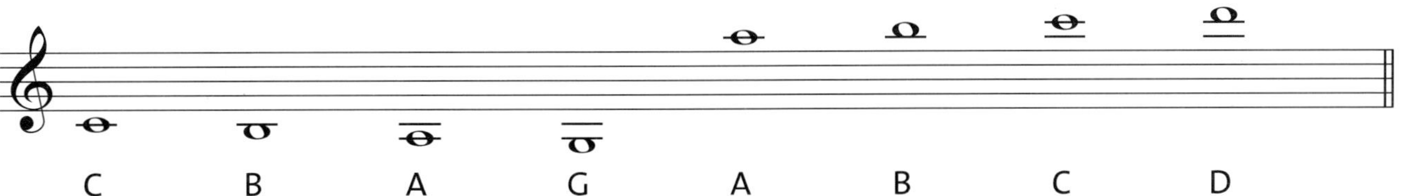

세로줄

여러 가지 종류의 세로줄 :
겹세로줄은 음악의 한 부분이 끝났다는 표시입니다.   끝세로줄은 한 곡이 끝났다는 의미입니다.

도돌이표는 이 부분이 반복된다는 표시입니다.

연주에 앞서

트럼펫과 액세서리

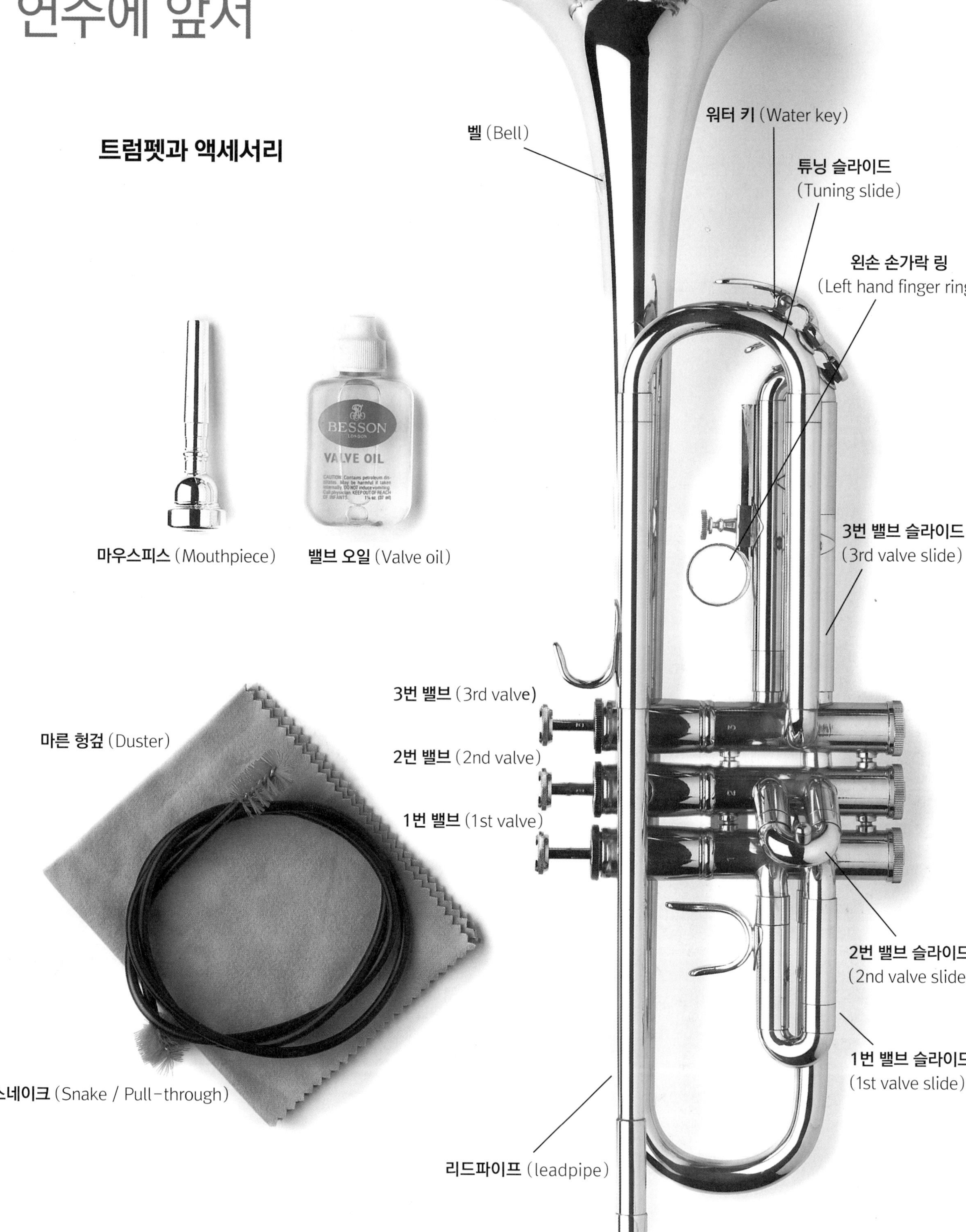

조립하기

마우스피스를 악기에 끼우고 밸브와 슬라이드가 모두 잘 움직이는지
확인하세요. 너무 뻑뻑하면 밸브에 오일을 한 두 방울 떨어뜨려주고
슬라이드에도 그리스 (grease)를 발라주세요.
연주를 마친 다음 악기를 케이스에 넣을 때는 마우스피스를 뺍니다.

트럼펫 관리하기

가끔씩 악기를 씻어주면 더 좋은 소리를 낼 수 있습니다.

트럼펫의 각 부분들을 분리해 슬라이드와 리드파이프를 따뜻한
비눗물에 담그고 긴 솔로 닦아주세요.
그런 다음 따뜻한 물로 헹구고 부드러운 헝겊으로 닦아주세요.
청소를 마친 다음에는 밸브에 오일을 떨어뜨리고 슬라이드에
그리스를 발라주세요.

물청소를 처음 할 때는 트럼펫을 잘 아는 사람에게 도움을 받으세요.

항상 마른 헝겊으로 악기를 닦아주면 악기를 깨끗하고 반짝반짝
빛나는 상태로 유지할 수 있습니다.

연습하기

악기를 배우는 것은 몸과 머리를 함께 쓰는 일입니다.
자연스럽게 악보를 읽고 연주에 필요한 근육을 기르기 위해서는 반복적인 연습이 중요합니다.
다음의 세 가지를 항상 기억하며 연습하세요.

1. 잘 안 되는 부분이 있으면 반복적으로 연습하세요. 한 번 잘 됐다고 그만두지 말고 매번 잘 할
수 있을 때까지 연습하세요.

2. 어쩌다가 한 번씩 많이 연습하는 것보다는 조금씩 자주 연습하는 것이 훨씬 좋습니다.
하루에 15~20분씩만 연습해도 실력이 많이 향상될 것입니다.

3. 연습을 할 때는 목표를 정하는 것이 좋습니다. 아주 작은 것이라도 좋으니 목표를
설정하고 연습시간 동안 목표를 이루려고 노력하세요.

호흡

(Tip) 자세가 편안하고 안정되어 있으면 호흡도 편안하고 정확하게 할 수 있습니다.

트럼펫을 연주할 때는 횡격막을 사용하여 호흡합니다.

횡격막은 흉곽 아래에 있는 큰 근육 막입니다. 횡격막으로 호흡을 하면 숨을 들이마실 때는 배가 나오고 내쉴 때는 배가 들어갑니다.

가슴으로 숨 쉬는 것보다 배로 숨 쉬는 것이 호흡을 조절하기에 훨씬 좋습니다.

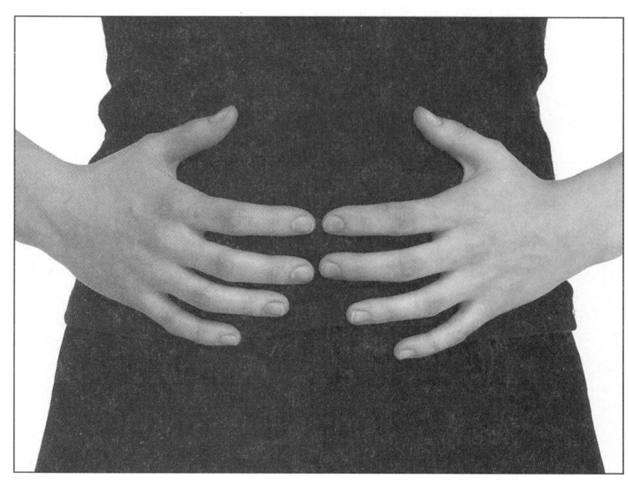

연습 1.

숨을 들이마시며 4박을 세어보세요. 그런 다음 숨을 내쉬며 다시 4박을 셉니다.
횡격막으로 호흡하면서 들이마시고 내쉬는 공기의 양을 일정하게 유지하세요.

마시고, 2, 3, 4 내쉬고, 2, 3, 4 마시고, 2, 3, 4   계속

숨을 쉴 때 한 손을 배에 대고 배가 나오고 들어가는지 확인해보세요.

연주자세

다리를 어깨 넓이로 벌리고 허리를 곧게 세우세요.

고개가 정면을 향한 채로 악기를 들어 입에 댑니다. 팔이 몸에 닿지 않도록 팔꿈치를 들어야 합니다.
어깨는 편안하게 내리세요.

트럼펫은 왼손으로 들고 오른손으로는 밸브를 잡습니다. 밸브를 잘 다루기 위해서는 오른손이 경직되지 않아야 합니다.

왼손 엄지와 검지로 밸브를 감싸고 손 크기에 따라 중지나 약지를 왼손 손가락 링에 끼우세요.

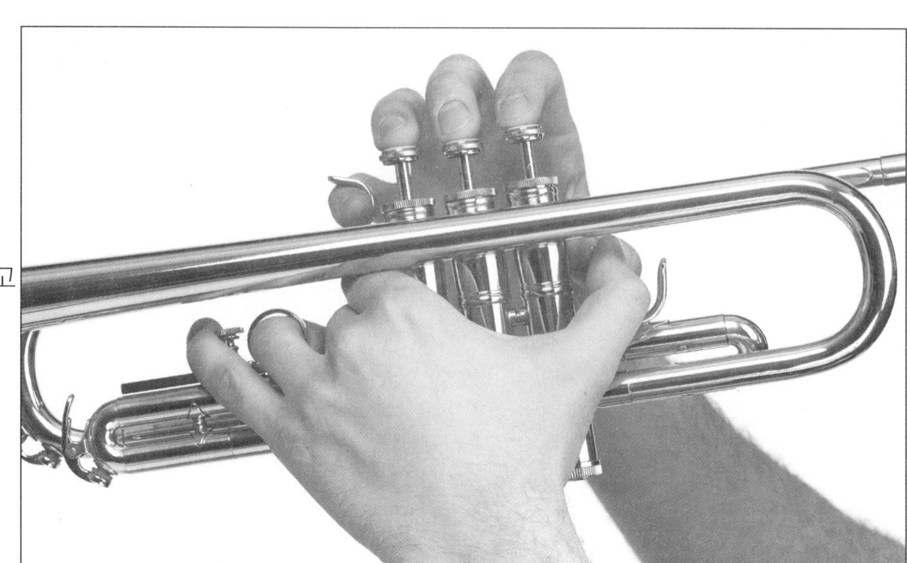

입모양 (Embouchure)

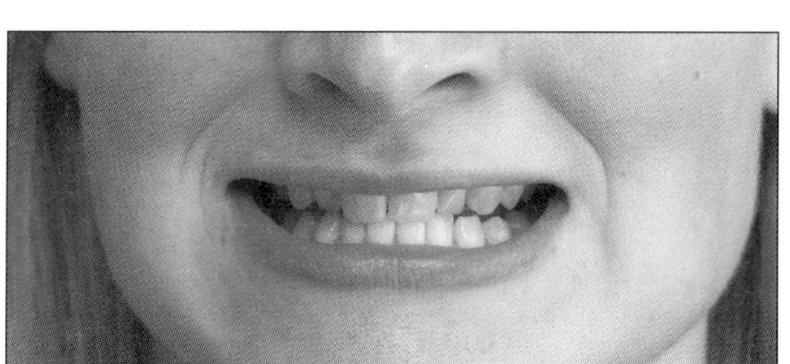

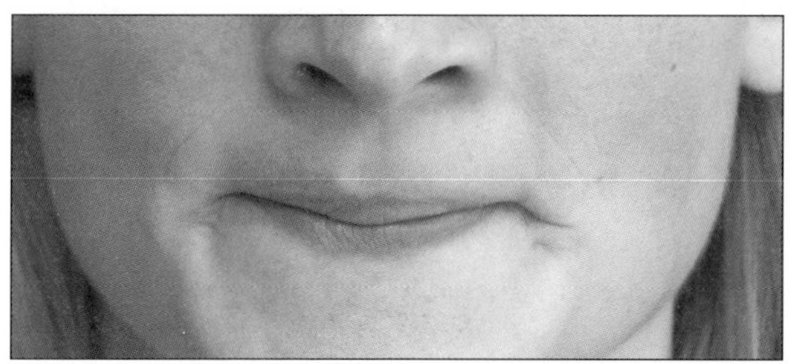

이를 다물고 '**투-**' 라고 말해보세요.
혀가 이 뒤에 닿는 게 느껴지나요?

이제 이를 조금만 벌리고 숨을 들이마시며
입을 다물어 보세요.

입술이 떨리게 '**프-**' 하며 숨을 내쉽니다.

마우스피스의 위치

입을 다문 상태로 마우스피스를 입 위에 대보세요.
마우스피스의 절반은 윗입술에, 절반은 아랫입술에 닿아야
합니다.

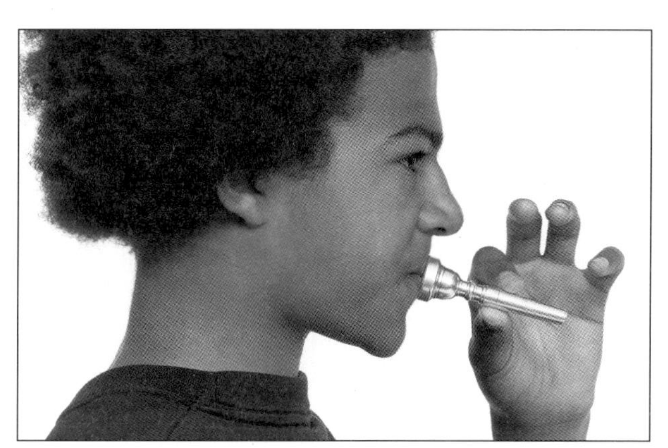

마우스피스로 소리 내기

마우스피스만 사용해 아래 연습을 해보세요.

연습 2.

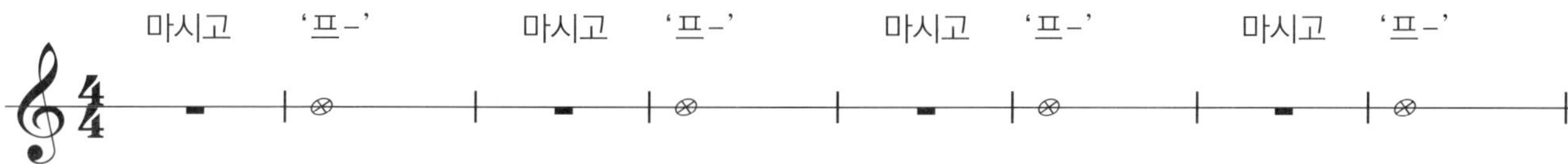

CD의 3번과 4번 트랙을 들어보세요. '프-' 하고 마우스피스를 불면서 음을 내려고 노력해보세요.
아무 음이나 상관없습니다. 가장 편하게 낼 수 있는 음을 내보세요.
자, 이제 마우스피스를 트럼펫에 끼우고 다시 한 번 해보세요.

연습 3.

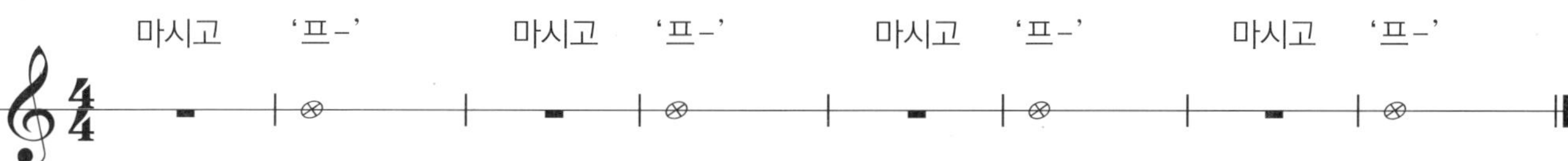

숨을 깊게 들이마시고 소리에 귀 기울여 보세요.
자연스럽게 G음이나 C음을 연주하게 될 것입니다.
익숙해질 때까지 여러 번 연습하세요.

Note

G음이 편하면 레슨 1G로 넘어가세요.

C음이 편하면 레슨 1C로 넘어가세요.

goals:

1. 텅잉
2. C음과 D음
3. 온음표, 2분음표, 4분음표와 쉼표
4. 슬러 주법
5. 도돌이표

C음

예쁘고 안정적인 C음을 낼 수 있을 때까지 연습해보세요.

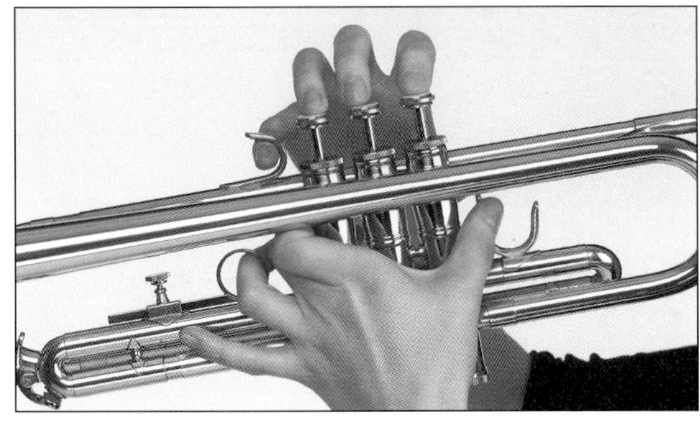

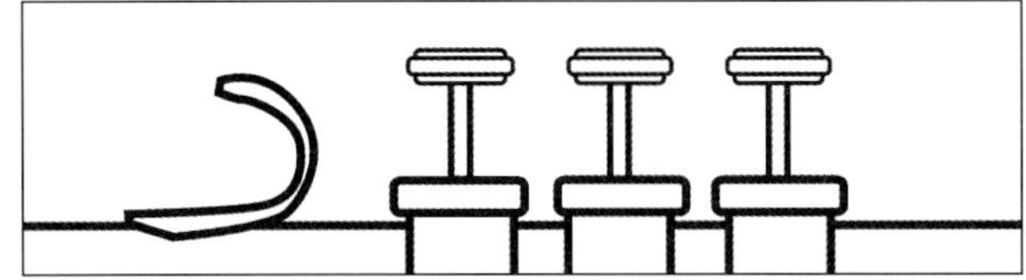

마시고, '프–'

B 트럼펫은 악보에 적힌 음보다 실제로는 낮은 소리가 납니다. 예를 들어, 트럼펫으로 C음을 불면 실제로는 B음이 납니다.
이렇게 악보와 실제 소리가 다른 악기를 조옮김 악기 (이조 악기)라고 합니다.
아래 음표와 쉼표는 4박 길이의 온음표와 온쉼표입니다.

연습 1.

숨을 들이마시며 4박을 세어보세요. 그런 다음 악기를 불며 다시 4박을 셉니다.

Tip

소리를 잘 들어보세요.

연습 2.

이번에는 텅잉을 해보세요. 음을 시작할 때마다 '투–'하고 소리내보세요.

일정한 속도로 박을 세며
불어보세요.

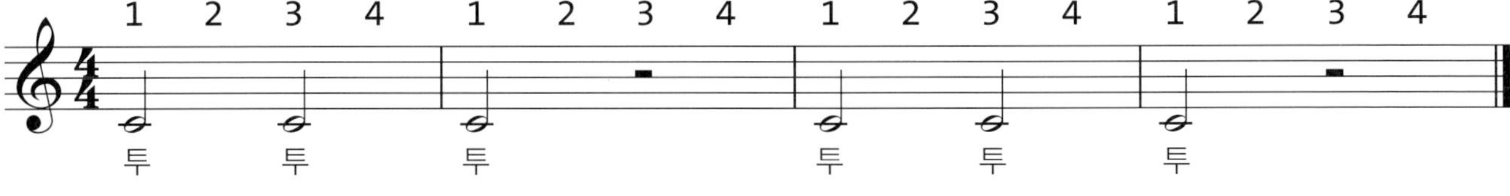

연습 3.

다음은 1박 길이의 4분음표와 4분쉼표입니다.

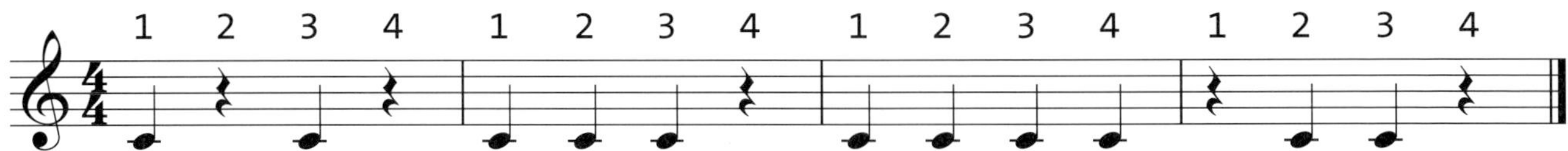

연습 4.

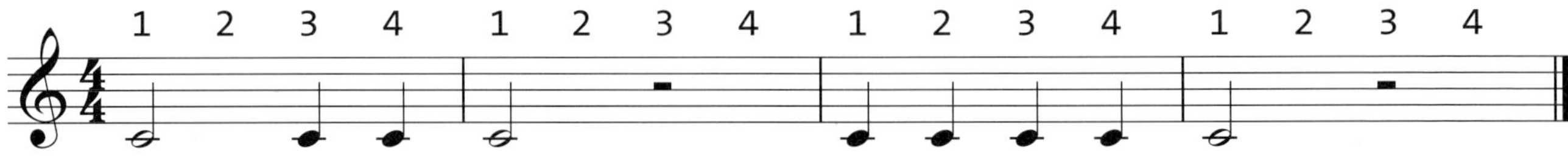

연습 5.

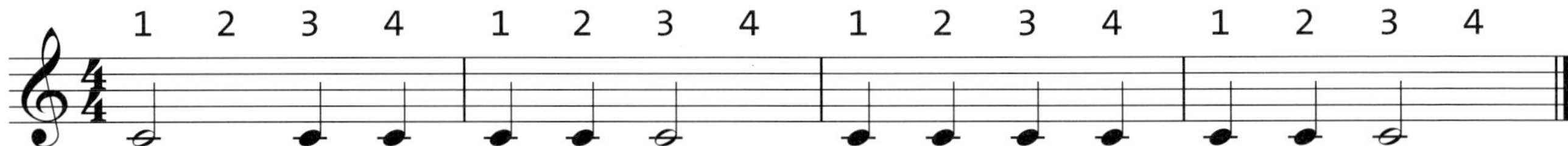

D음

C음과 같은 방법으로 연습하세요.
D음은 1번 밸브와 3번 밸브를 눌러야 합니다.

Tip

고개를 들고 연주하세요.
허리를 구부리는 것은 좋지
않은 자세입니다.

연습 6.

마시고, 2, 3, 4   불고, 2, 3, 4   마시고, 2, 3, 4   불고, 2, 3, 4   마시고, 2, 3, 4   불고, 2, 3, 4

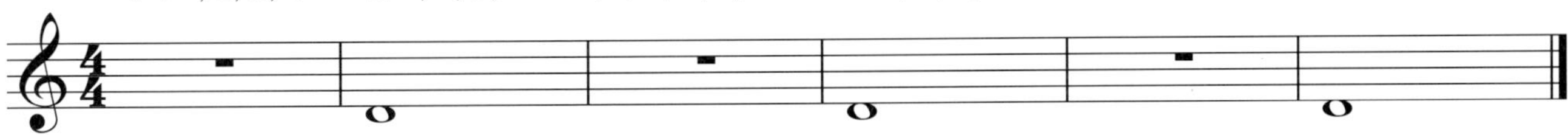

연습 7.

숨을 깊게 들이 마신 뒤에 불어보세요.

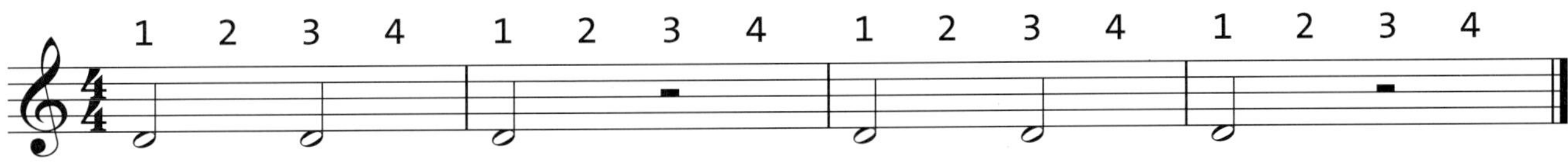

이제 C음과 D음을 섞어서 연습해보겠습니다.
곡 끝의 점이 두 개 있는 세로줄은 도돌이표입니다. 도돌이표가 나오면 처음으로 돌아가서 한번 더 연주하세요.

선율 1.

선율 2.

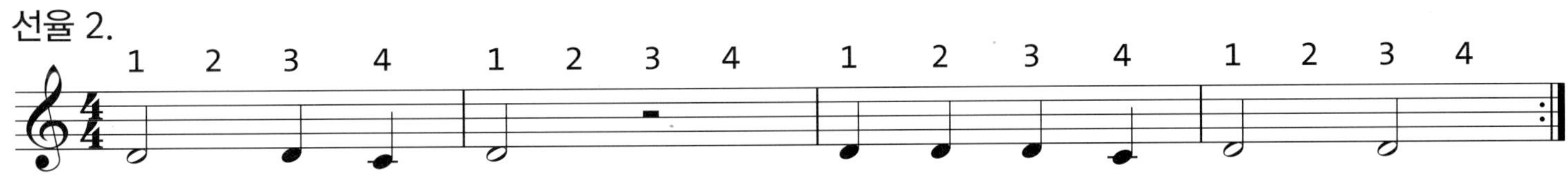

선율 3.

이번에는 곡선으로 이어진 음들 중 첫 음에만 텅잉해보세요. 이렇게 여러 음을 곡선으로 연결한 것을 이음줄 또는 슬러 (slur)
라고 합니다. 슬러를 연주할 때는 시작음에만 텅잉을 합니다. 나머지 음은 텅잉 없이 운지만 바꿉니다. 슬러로 연주하면
음악이 부드러워집니다.

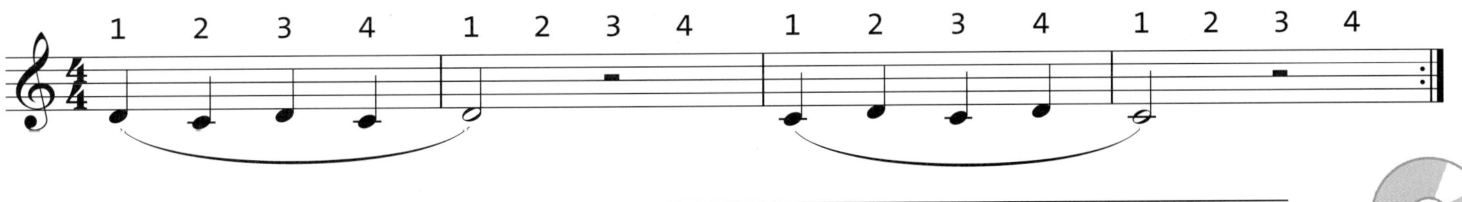

C & D 행진곡 (Little C & D March)

숨을 깊게 들이 마신 뒤에 불어보세요.

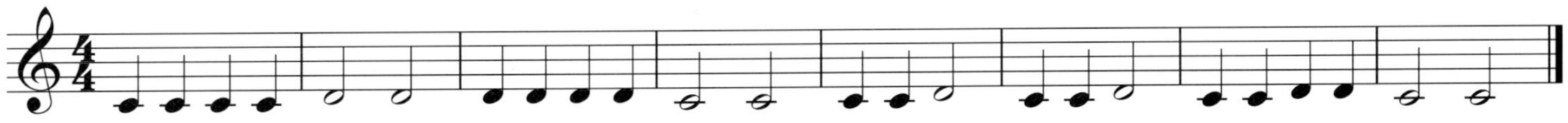

5-6

이제 레슨 2C로 넘어가세요 (14쪽).

goals:

1. 텅잉
2. G음과 F음
3. 온음표, 2분음표, 4분음표와 쉼표
4. 슬러 주법
5. 도돌이표

G음

예쁘고 안정적인 G음을 낼 수 있을 때까지 연습해보세요.

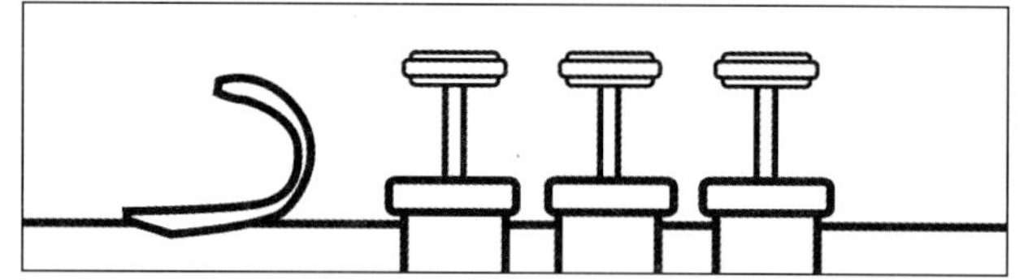

마시고, '프–'

연습 1.

Tip

소리를 잘 들어보세요.

숨을 들이마시며 4박을 세어보세요. 그런 다음 악기를 불며 다시 4박을 셉니다.

연습 2.

이번에는 텅잉을 해보세요. 음을 시작할 때마다 '투–'하고 소리내보세요.

일정한 속도로 박을 세며 불어보세요.

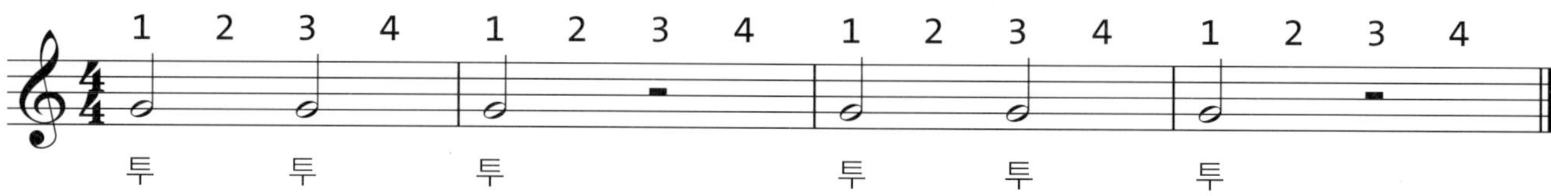

연습 3.

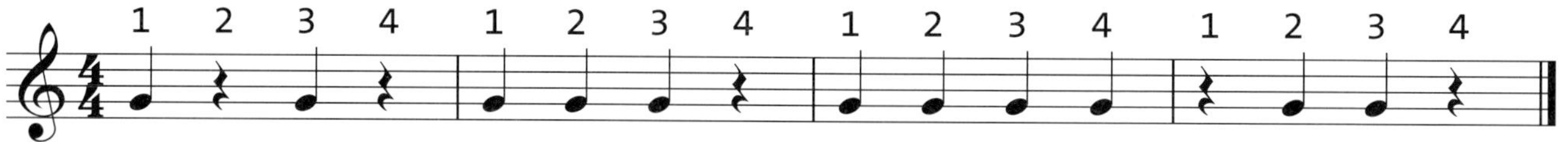

연습 4.

연습 5.

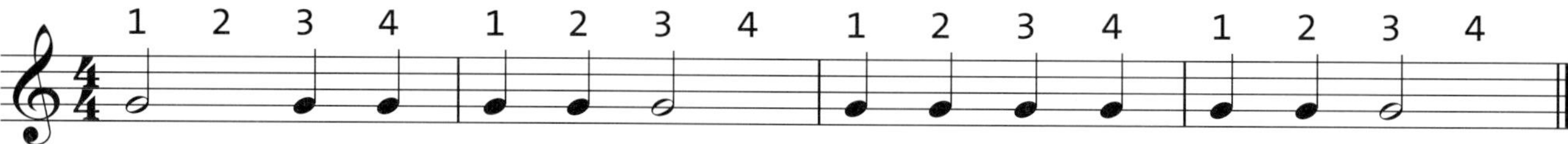

F음

G음과 같은 방법으로 연습하세요.
F음은 1번 밸브를 눌러야 합니다.

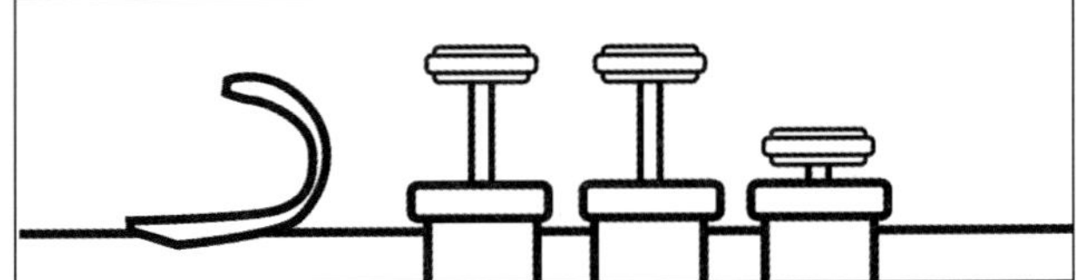

Tip

고개를 들고 연주하세요.
허리를 구부리는 것은 좋지
않은 자세입니다.

연습 6.

마시고, 2, 3, 4　　불고, 2, 3, 4　　마시고, 2, 3, 4　　불고, 2, 3, 4　　마시고, 2, 3, 4　　불고, 2, 3, 4

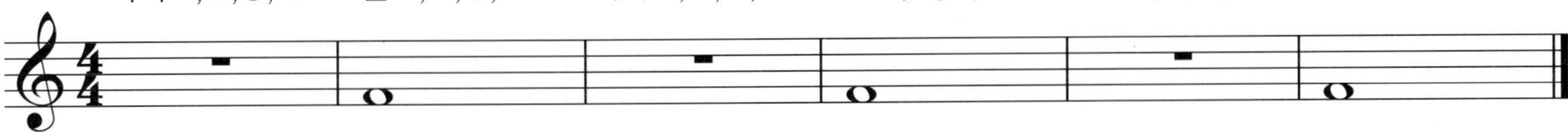

연습 7.

숨을 깊게 들이마신 뒤에 불어보세요.

이제 F음과 G음을 섞어서 연습해보겠습니다.
곡 끝의 점이 두 개 있는 세로줄은 도돌이표입니다. 도돌이표가 나오면 처음으로 돌아가서 한번 더 연주하세요.

선율 1.

선율 2.

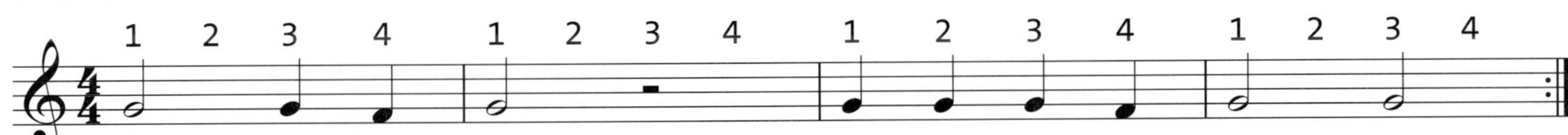

선율 3.

이번에는 곡선으로 이어진 음들 중 첫 음에만 텅잉해보세요. 이렇게 여러 음을 곡선으로 연결한 것을 이음줄 또는 슬러 (slur)
라고 합니다. 슬러를 연주할 때는 시작음에만 텅잉을 합니다. 나머지 음은 텅잉 없이 운지만 바꿉니다. 슬러로 연주하면
음악이 부드러워집니다.

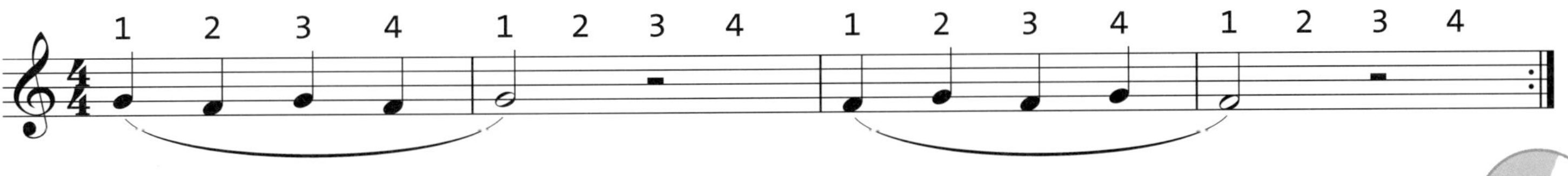

F & G 행진곡 (Little F & G March)

숨을 깊게 들이 마신 뒤에 불어보세요.

7-8

이제 레슨 2G로 넘어가세요 (15쪽).

Lesson 2C
goals:

1. **E음과 F음**
2. **늘임표 (페르마타)**

E음

E음은 1번과 2번 밸브를 눌러 연주합니다.

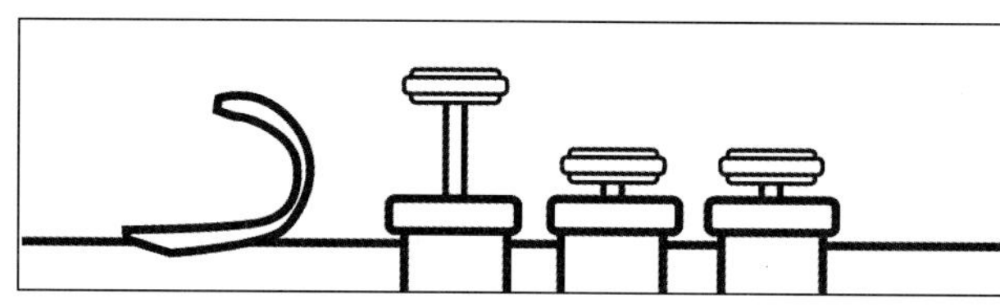

F음

F음은 1번 밸브를 눌러야 합니다.

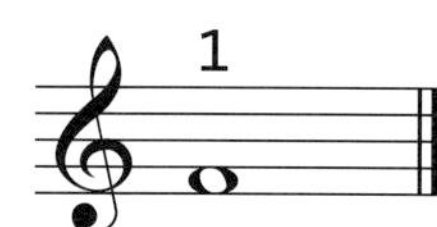
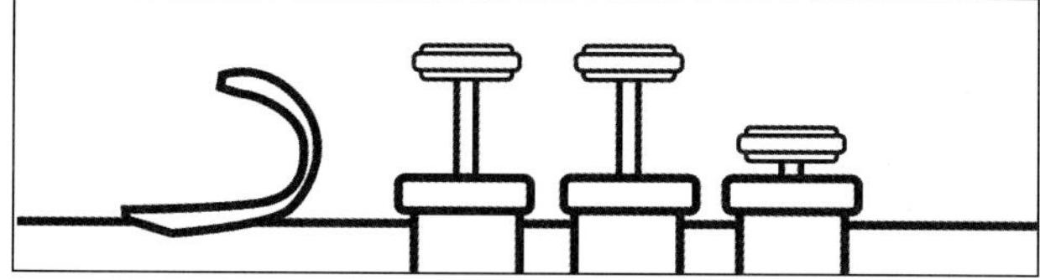

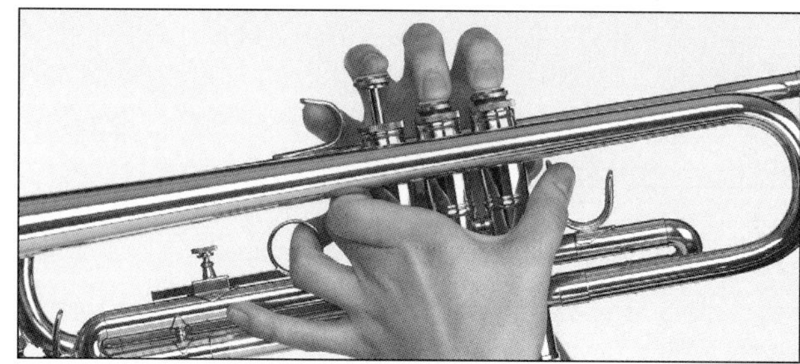
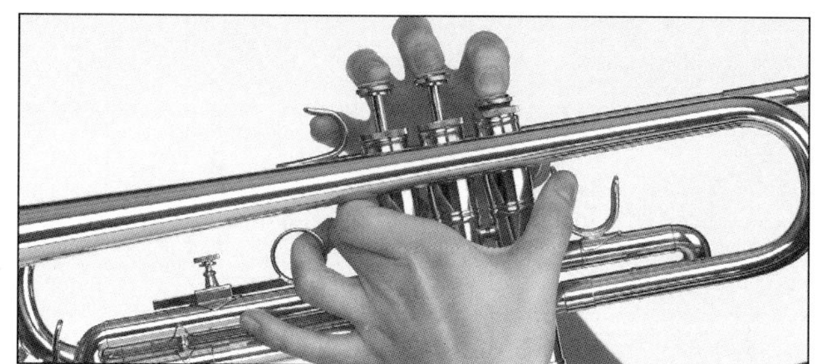

연습 1.

숨을 깊게 들이마신 뒤에 불어보세요.

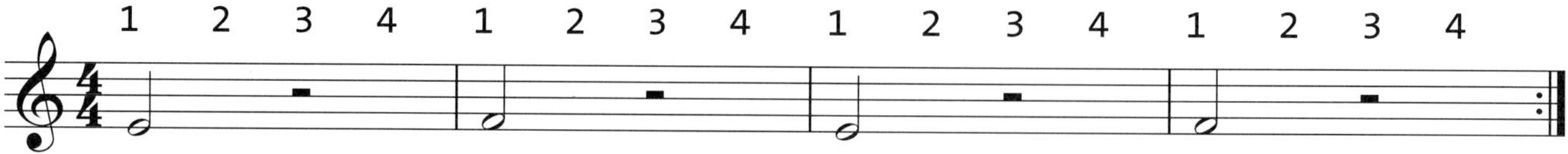

연습 2.

Duet (이중주)

Tip

윗단과 아랫단 모두 연주해 보세요.

레슨 2의 연주곡에 들어가기 전에 레슨 **1G**와 **2G**를 먼저 익히세요.

goals:

1. E음과 D음
2. 늘임표 (페르마타)

E음

E음은 1번과 2번 밸브를 눌러
연주합니다.

D음

D음은 1번과 3번 밸브를
눌러야 합니다.

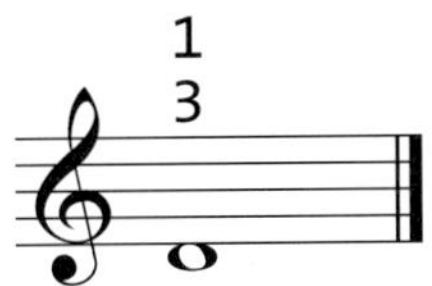

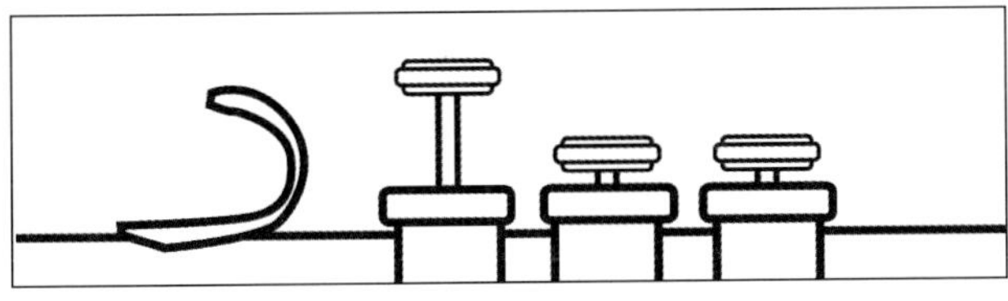

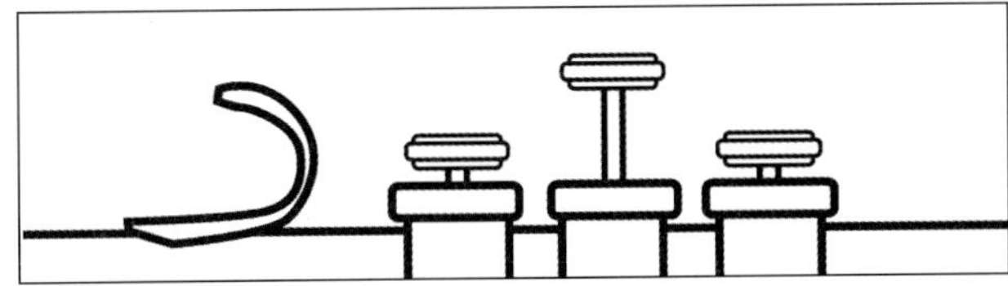

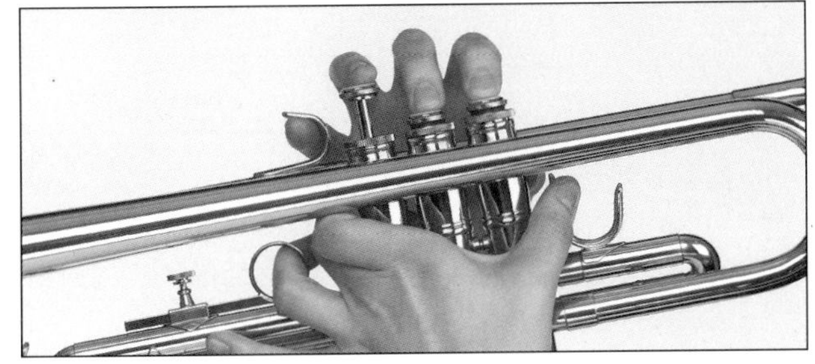

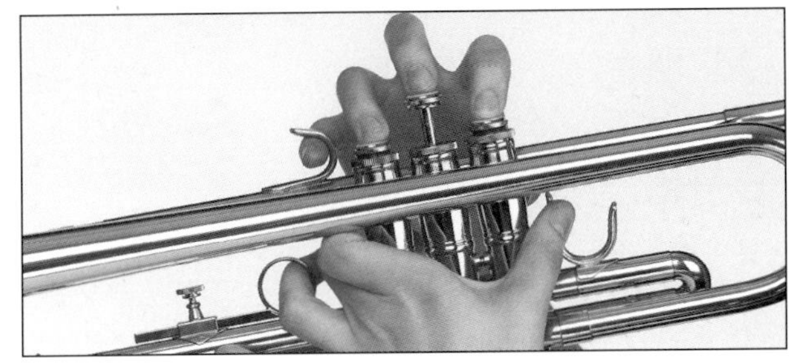

연습 1.

숨을 깊게 들이마신 뒤에 불어보세요.

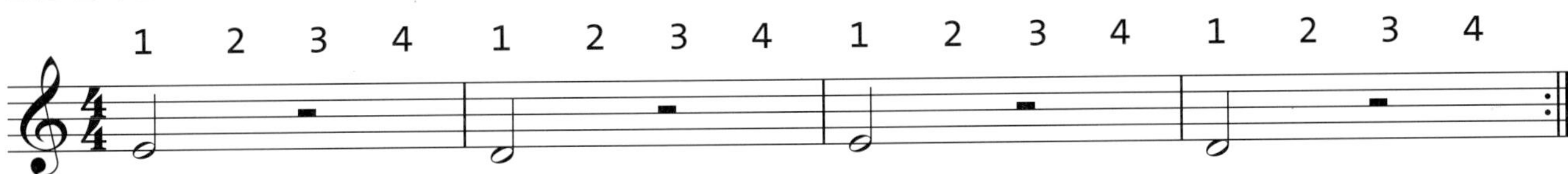

연습 2.

Duet (이중주)

(Tip)

윗단과 아랫단 모두
연주해 보세요.

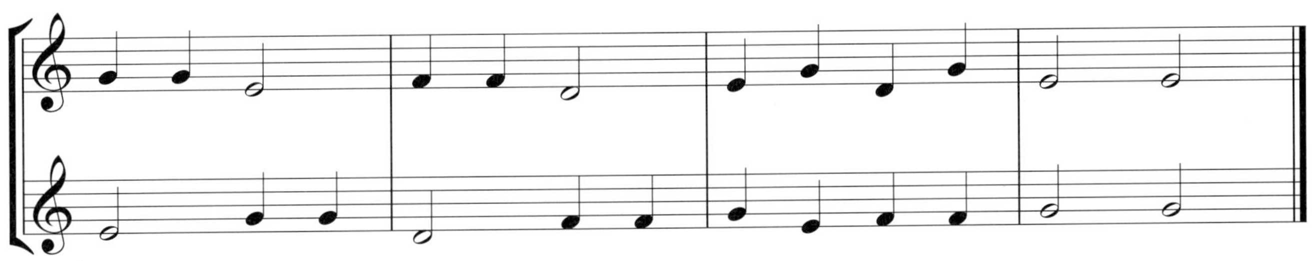

레슨 2의 연주곡에 들어가기 전에 레슨 **1C**와 **2C**를 먼저 익히세요.

Gheta Sea (게타의 바다)

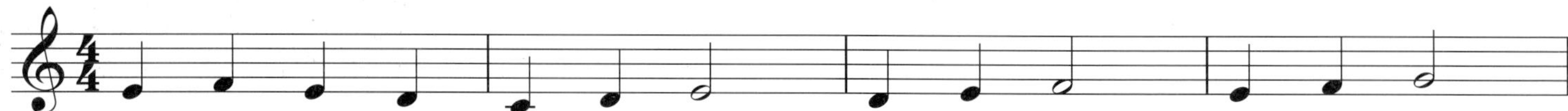

Oats And Beans (귀리와 콩)

11-12 *Lightly Row* (나비야)

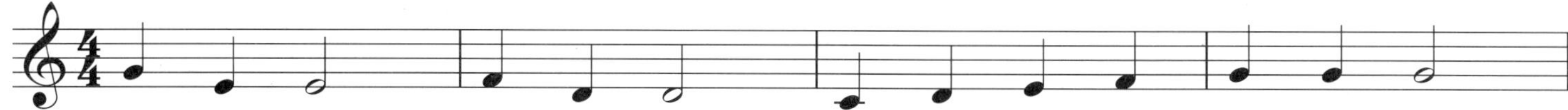

13 *Medieval Dance* (중세 춤곡)

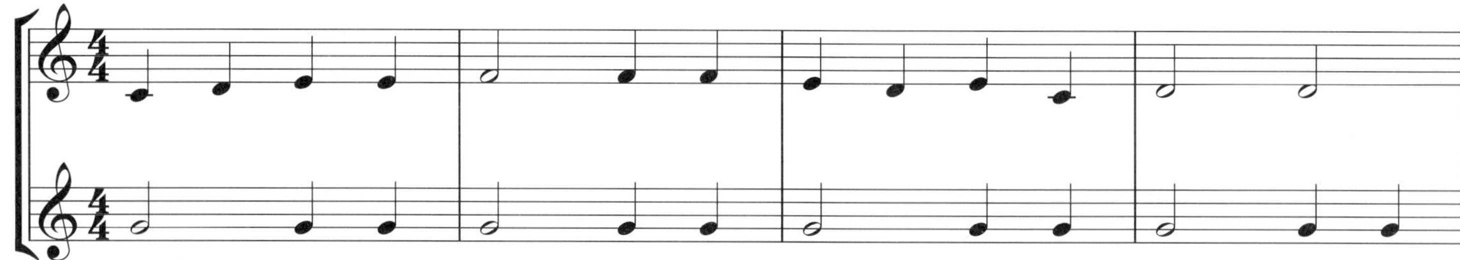

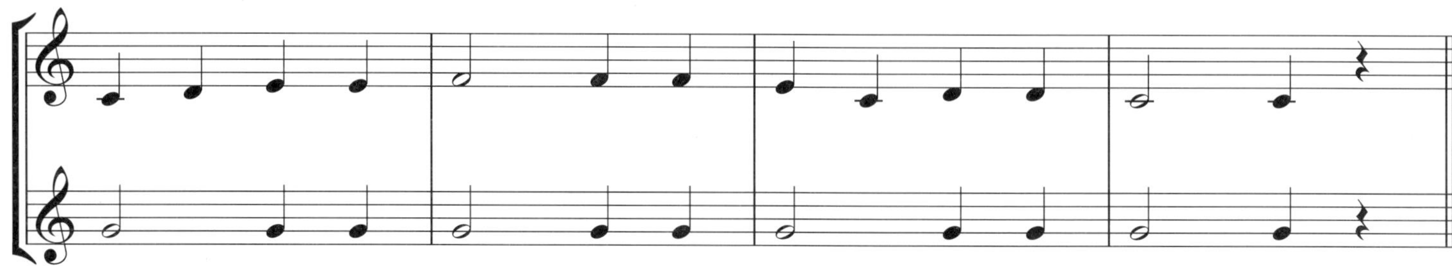

Canon (캐논)

두 명이 함께 연주할 수 있는 돌림 노래입니다. 첫 번째 연주자가 1마디를 연주한 뒤에 두 번째 연주자가 시작합니다.

⌢ 이 기호는 늘임표(페르마타)입니다. 이 기호가 보이면 원래의 음길이보다 더 길게 연주합니다.

첫 번째 연주자는 마지막 늘임표에서, 두 번째 연주자는 그 앞의 늘임표에서 곡을 마칩니다.

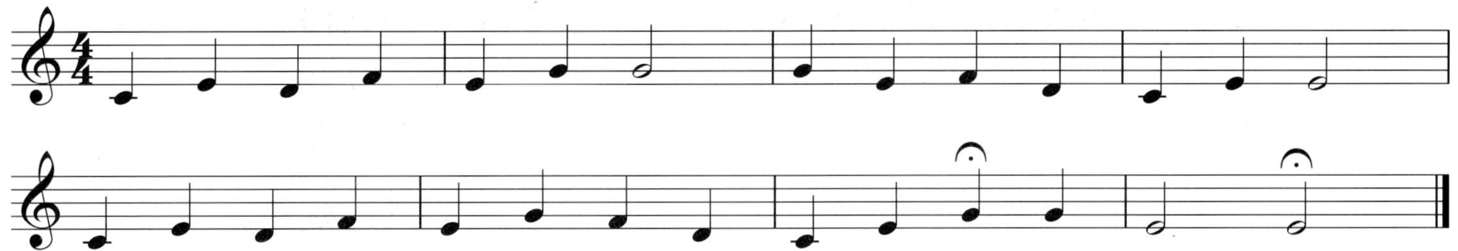

Au Clair de la Lune (달빛 아래에서)

Going Cuckoo (뻐꾹뻐꾹)

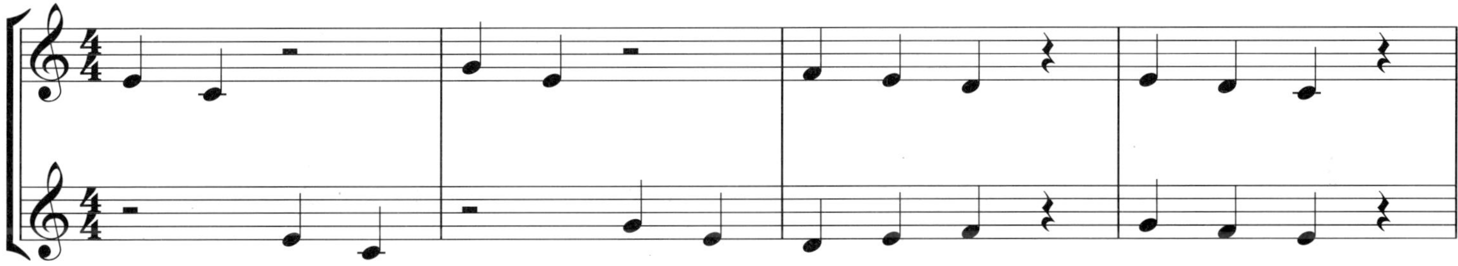

Pia-Pia-Piano (피아-피아-피아노)

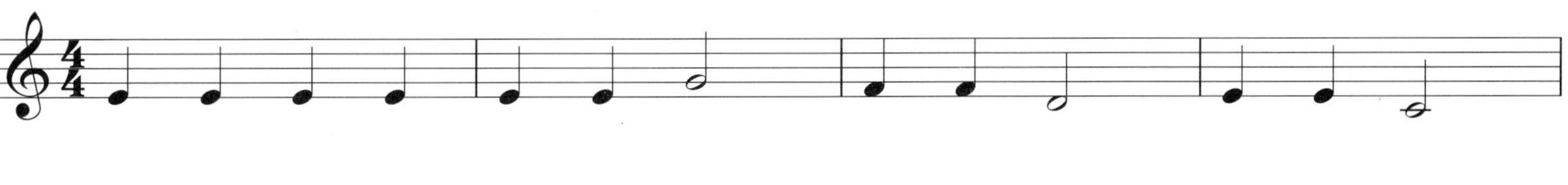

1. 붙임줄과 이음줄

붙임줄

앞에서 슬러(이음줄)를 배웠습니다. 붙임줄도 슬러처럼 곡선으로 음들을 연결합니다. 하지만 슬러와 다른 점은 음높이가 같은 음들을 연결한다는 것입니다. 같은 음높이의 두 음표를 붙임줄로 연결하면 음의 길이가 길어집니다. 이 때 음의 길이는 두 음표의 길이를 더한 만큼입니다. 붙임줄은 주로 어떤 음이 다음 마디까지 넘어가야 하는 경우에 사용합니다.

Tongue Tied (붙임줄 연습)

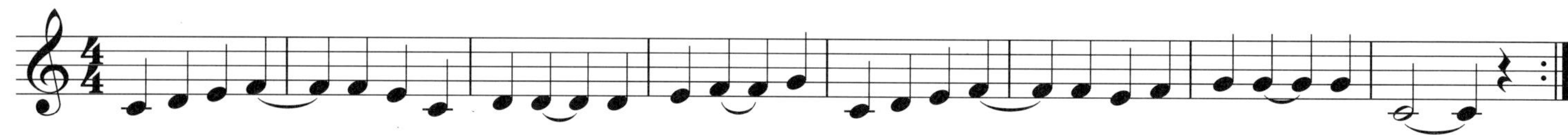

슬러 주법

곡선으로 연결된 음들 중 첫 음에만 텅잉하고 나머지 음은 밸브로만 연주합니다.

Ice Slur (얼음 슬러)

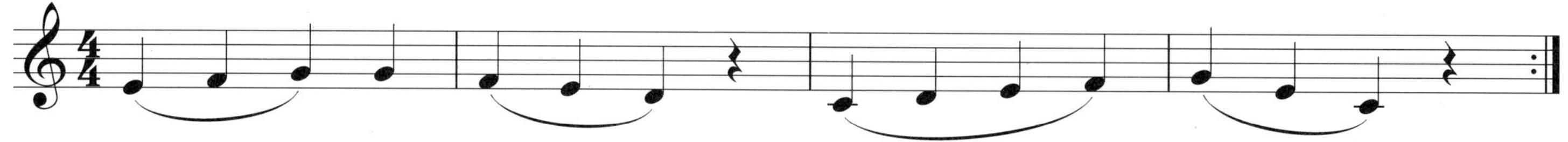

Oats And Beans (귀리와 콩)

붙임줄과 이음줄을 구분할 수 있나요?

Lightly Row (나비야)

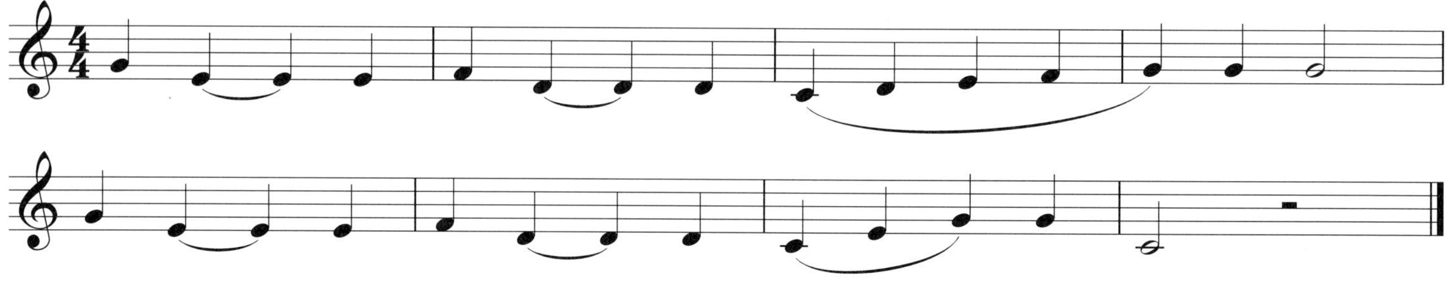

Upidee Duet (업피디 이중주)

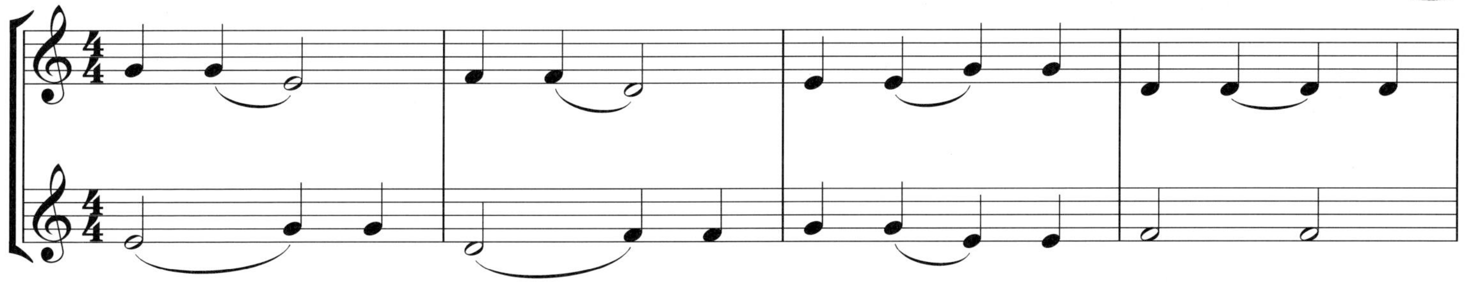

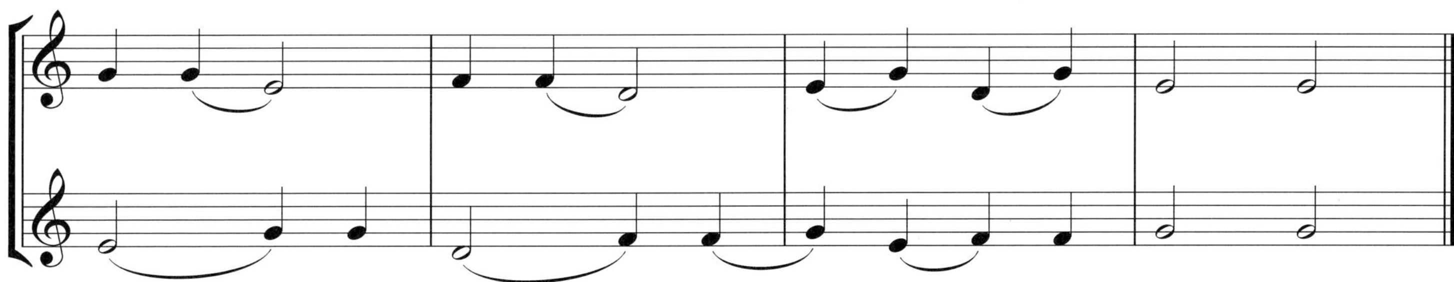

When The Saints Go Marching In (성자의 행진)

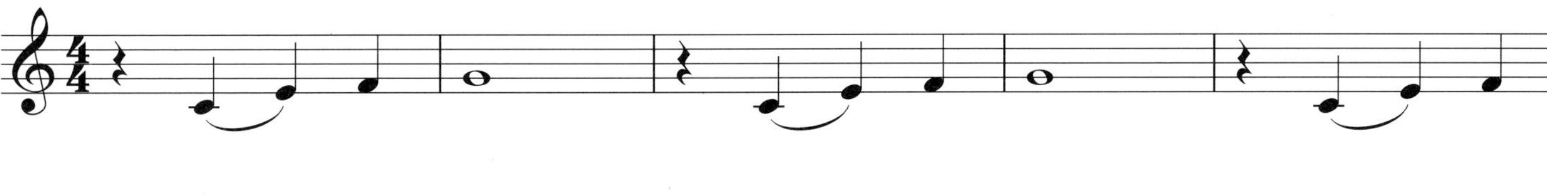

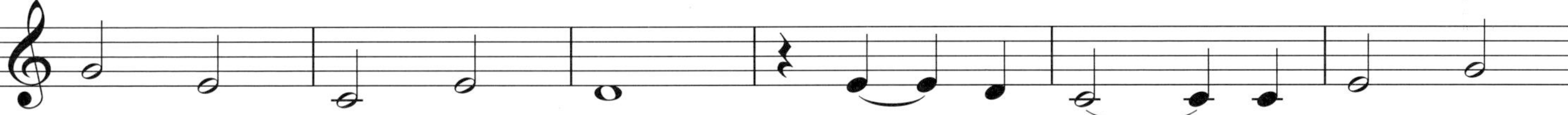

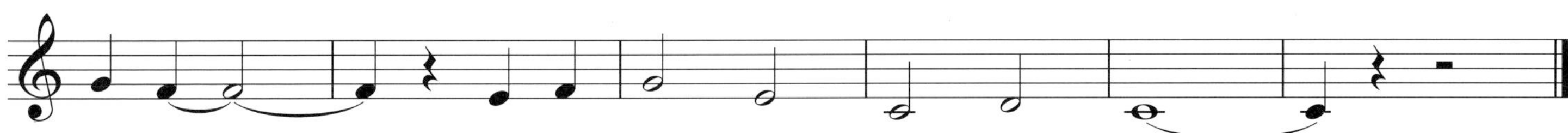

Up The Old Vic (올드 빅 극장에서)

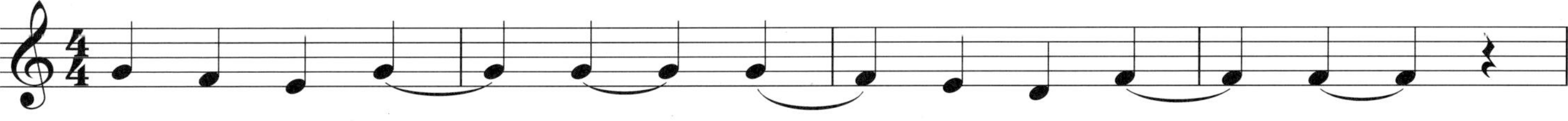

goals:

1. 텅잉과 운지의 조화
2. 박자표
3. 점2분음표

텅잉과 운지의 조화

트럼펫을 연주할 때는 텅잉과 운지(손가락의 움직임)가 마치 한 팀처럼 조화를 이루어야 합니다.
밸브를 빨리 움직이면 부드럽게 연주하는 데 도움이 됩니다.
이제부터는 텅잉하는 순간에 밸브를 빠르게 누르세요.

연습 1.

처음에는 모두 텅잉해서, 그 다음에는 슬러로 연습하세요. 밸브를 빨리 움직여야 부드럽게 연주할 수 있습니다.

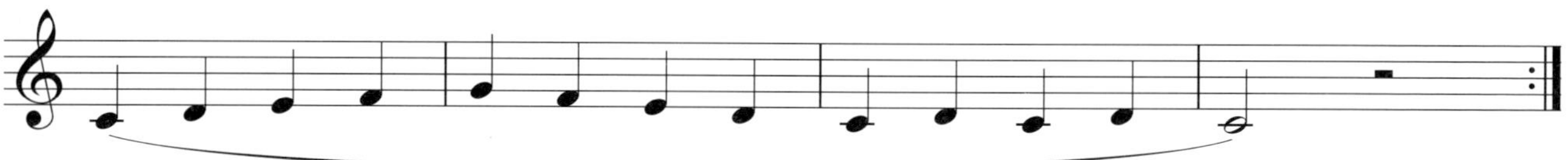

Gliding (글라이딩)

Ice Is Nice (얼음이 좋아)

처음에는 모두 텅잉해서, 그 다음에는 슬러로 연습하세요.

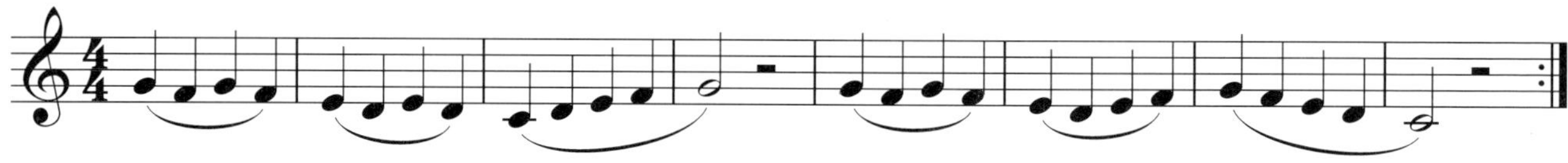

점2분음표

음표 옆에 점이 있으면 원래 음표의 절반만큼 길이가 길어집니다.
그래서 2박인 2분음표에 점이 붙으면 3박 길이가 됩니다.

자세 확인

숨을 크게 쉰 다음에 슬러를 연주하세요.

허리를 곧게 세우고 있나요?

구부정하게 연주하지 말 것!

박자표

지금까지 본 악보에는 한 마디에 4박이 들어가는 박자표가 있었습니다.

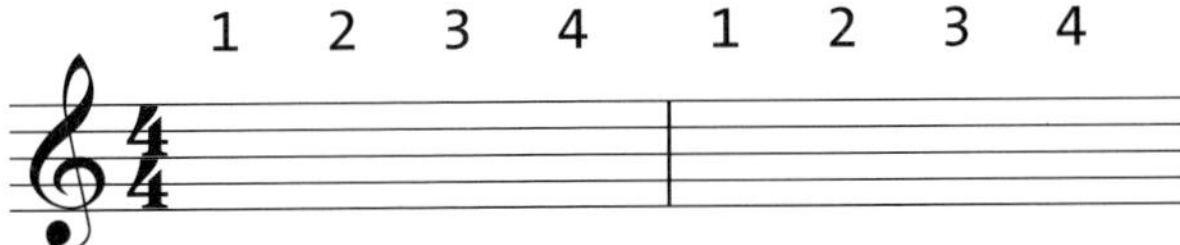

그러나 한 마디에 3박이 들어가는 곡도 많습니다. 3박자 곡은 이렇게 박을 셉니다.

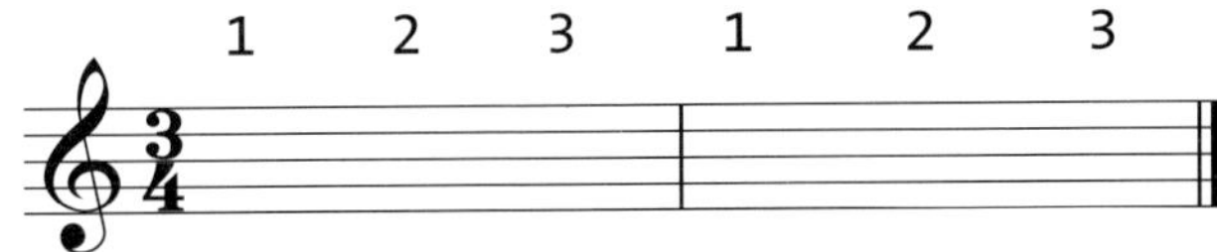

대표적인 3박자 음악은 왈츠입니다.

레슨 4를 위한 연주곡

Floating Along (둥둥 떠다니며)

Dance (춤곡)

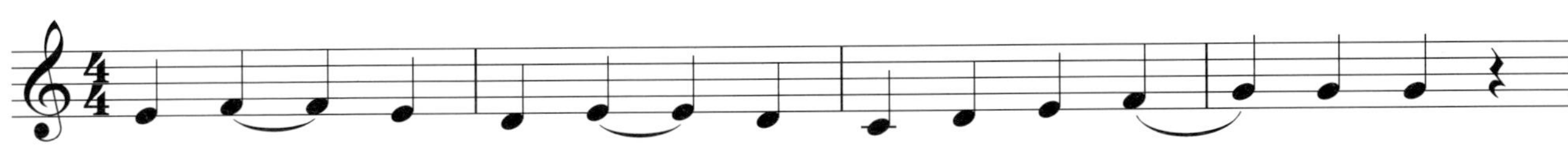

Sailing Along Duet (배를 타고)

윗단과 아랫단 모두 연습해보세요. 두 명이 이중주로 연주해도 좋습니다. 항상 일정한 박을 지켜야 합니다.

goals:

1. 립 슬러
2. A음과 B음

3. 셈여림표

립 슬러 (Lip Slur)

지금까지는 슬러를 연주할 때 밸브만 사용했습니다.

두 음이 같은 밸브를 사용할 때는 입술로 슬러를 할 수 있습니다.
입술 모양만으로 음을 바꾸는 것입니다.
이때 모음 입모양을 이용하면 도움이 됩니다.

'**아**'라고 말한 다음에 '**이–**'라고 말해보세요. 혀의 위치가 다른 게 느껴지나요?
아래 연습곡을 보며 '**투–아**'와 '**아–후**' 소리를 연습해보세요.
처음에는 마우스피스만 들고 연습하고, 익숙해지면 트럼펫으로도 연습해보세요.

Tip

세계 숨을 들이마신 다음에
악기를 부세요.

연습 1.

G음에서 '투–'하고 텅잉해보세요. 그런 다음 '**우–**'에서 '**아–**'로 재빨리 입모양을 바꿔서 C음으로 내려가보세요.
입의 힘을 빼야 합니다.

익숙해질 때까지 여러 번
반복하세요.

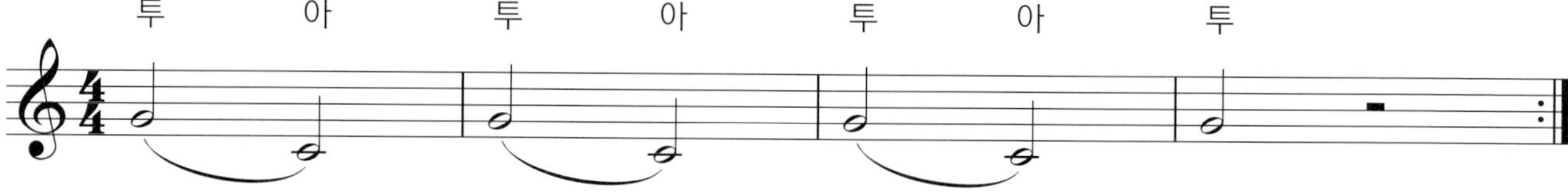

연습 2.

C음에서 G음으로 올라갈 때는 횡격막에 힘을 줘야 합니다.
'**후–**'하고 말해보세요. 바람이 어디에서 나오는지 느껴지나요?
음이 올라갈 때는 '**타–후–**'하고 발음한다고 생각하며 연주하세요.

슬러를 할 때도 바람을 불어
넣어야 합니다.

연습 3.

C음에서 G음으로 올라갈 때는 '**아–**'에서 '**후–**'로 재빨리 입모양을 바꾸세요.
입술에 조금 힘을 주면 더 또렷한 소리를 낼 수 있습니다.

익숙해지면 2번 밸브를
누르고 연습해보세요.

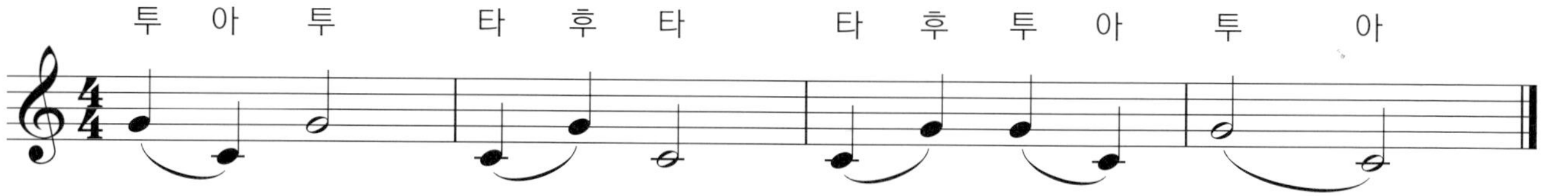

다른 밸브들을 누르며 연습 1~3과 같은 방식으로 연습해보세요.

A음

A음은 1번과 2번 밸브를 누릅니다.

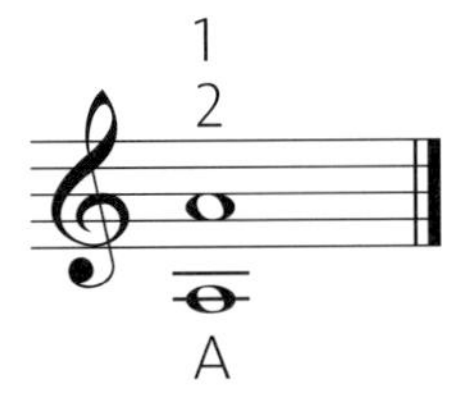

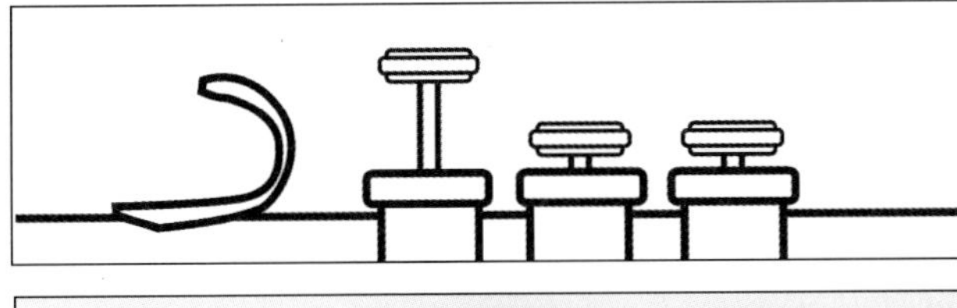

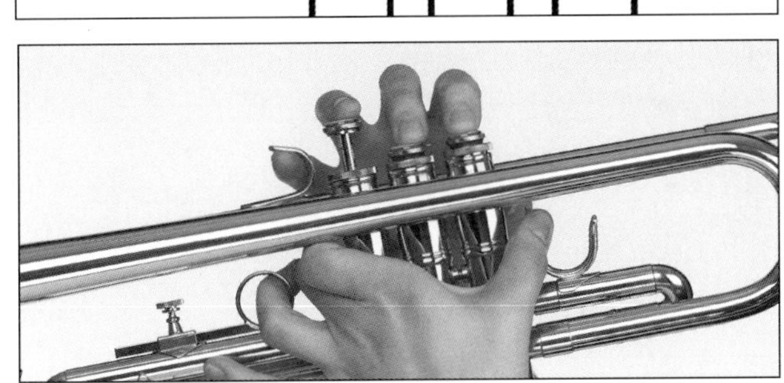

B음

낮은 B음과 높은 B음 모두
2번 밸브를 누릅니다.

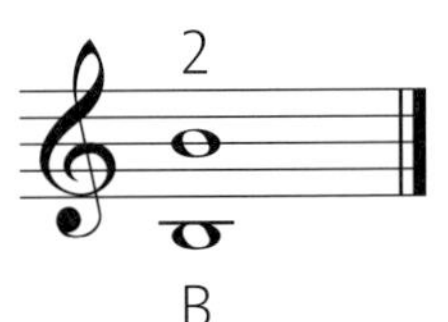

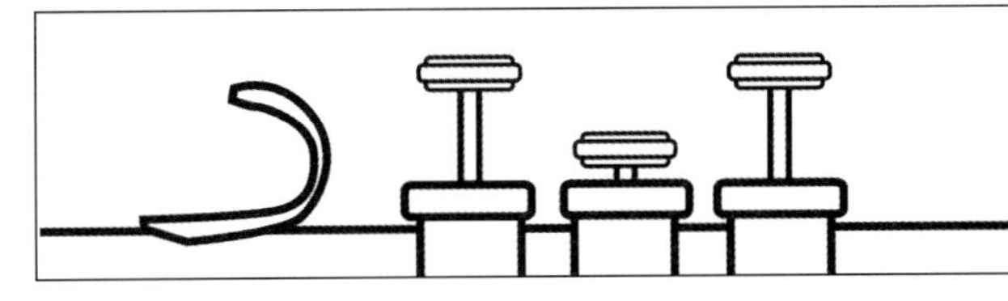

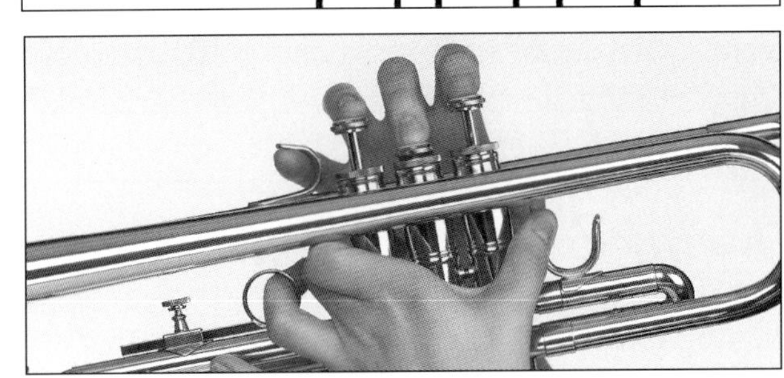

A, B음까지 올라가기

처음에는 텅잉으로, 그 다음에는 슬러로 연주해보세요.
크레셴도로 불면 높은 음을 더 편하게 낼 수 있을 것입니다.

연습 4.

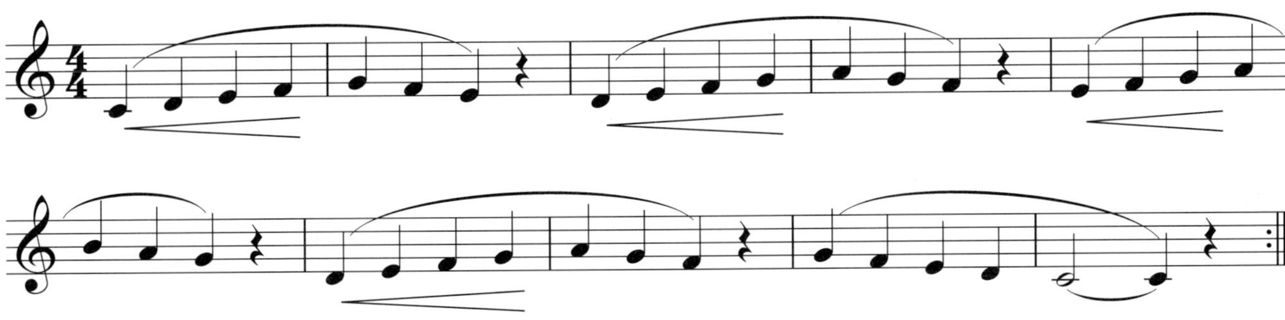

연습 5.

셈여림표

세게 (f) 연주하기 위해서는 내쉬는 바람의 속도가 빨라야 합니다.
여리게 (p) 연주하기 위해서는 횡격막을 사용하되, 바람을 부드럽게 불어야 합니다.

f : 포르테 (forte), 세게 p : 피아노 (piano), 여리게

Crescendo (크레셴도), 점점 세게   Diminuendo (디미누엔도), 점점 여리게

레슨 5를 위한 연주곡

Call And Response (콜 앤 리스폰스)

1st, 2nd 연주자를 정해서 주고받으며 재미있게 연주해 보세요.

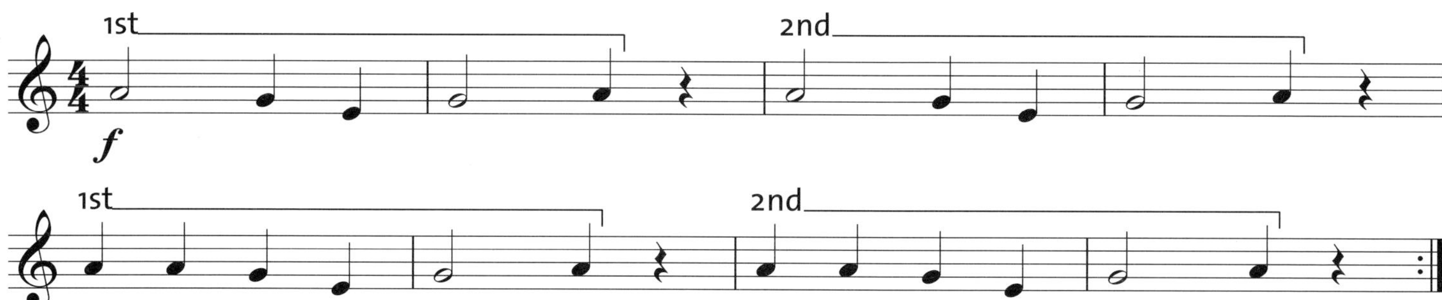

Twinkle Twinkle Little star (작은 별)

26-27

Joshua Fought The Battle Of Jericho (여리고의 전투)

Crusaders' Hymn (십자군의 찬가)

Steal Away (본향으로 가리)

* 흑인 영가: 아프리카에서 노예로 끌려간 흑인들이 만들어 부르던 미국 노래

Happy Days (행복한 날들)

조금 빠르게 연주해보세요. 붙임줄로 이어진 음을 조금 강조하면 훨씬 생동감 있는 음악이 될 것입니다.

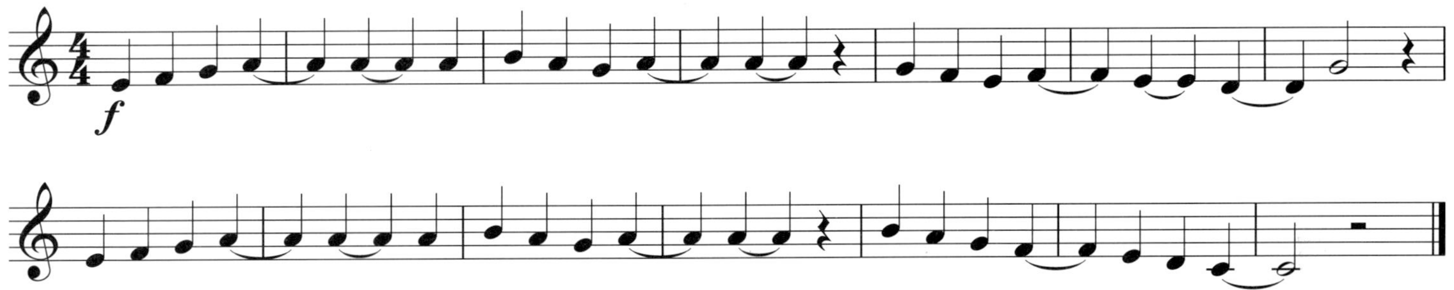

Blue Tuesday Duet (우울한 화요일)

윗단과 아랫단 모두 연습해보세요. 두 사람이 이중주로 연주해도 좋습니다.

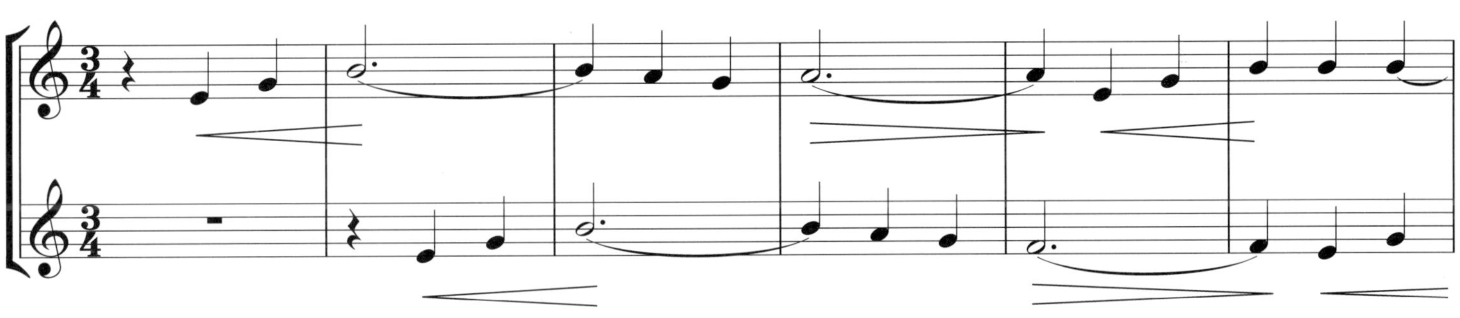

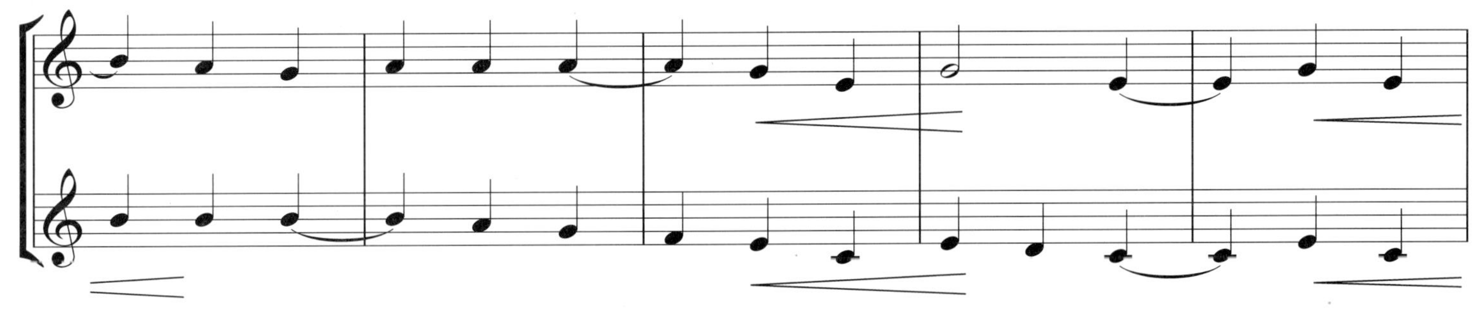

1. 음표

(4)

다음의 길이를 갖는 음표를 그리세요.

2. 쉼표

(4)

다음 길이의 쉼표를 그리세요.

3. 표와 음이름

(4)

다음 음들을 2분음표로 그리세요.

4. 음악용어

(8)

다음을 악보에서 찾아보세요.

4분음표, 세로줄, 박자표, 4분쉼표, 붙임줄, 높은음자리표, 온음표, 점2분음표

5. 마디

(5)

박자표를 잘 보고 세로줄을 그리세요.

Total (25)

warming up:

워밍업은 근육을 풀어주고 혈액순환이 잘 되게 해주며, 정신을 집중하는 데 도움이 됩니다.
연습 전에 워밍업을 하면 연습을 훨씬 효과적으로 할 수 있습니다.
항상 5분씩 워밍업을 하는 좋은 습관을 들이세요.

1. 마우스피스 연습

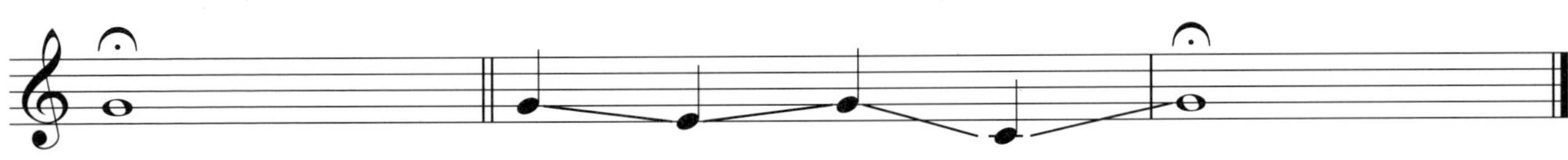

2. 긴 음표

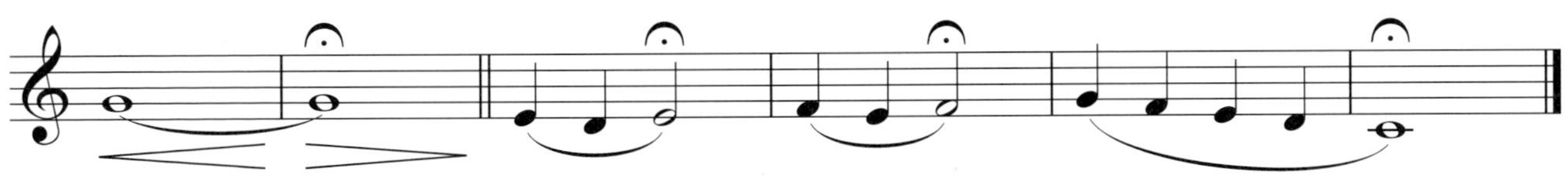

3. 립 슬러

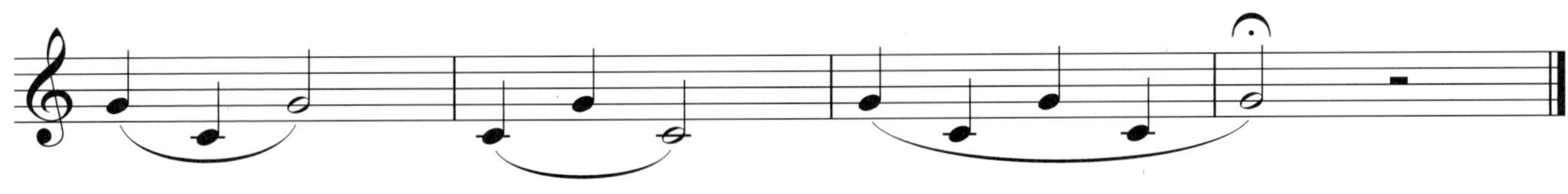

4. 텅잉

마우스피스를 들고 '프-'하고 길게 소리 내는 연습을 몇 번 한 다음, 음을 내리거나 올리면서 입을 풀어보세요.

호흡을 깊게 하면서 긴 음표들을 연습하는 것은 중요합니다. 또렷한 소리를 낼 수 있도록 연습하세요. 아름다운 소리를 낼 수 있나요? 트럼펫 안으로 따뜻한 공기를 불어 넣는다고 상상해보세요. 창문에 입김을 불어보세요. 입김을 불 때의 호흡은 목구멍을 열고 하는 호흡입니다. 그 느낌을 기억하며 목구멍을 열고 다시 트럼펫을 불어보세요.

음을 시작할 때 항상 소리가 또렷해야 합니다.

좋은 습관

- 아주 작은 소리로 연주할 때도 항상 깊이 호흡하세요.

- 숨을 들이 마실 때도 항상 박을 세며 언제 연주를 시작할지 생각하세요.

- 좋은 자세를 유지하세요. 허리는 세우고, 발은 바닥에 붙이고, 어깨는 내립니다. 의자에 앉아서 연주할 때는 등을 뒤로 기대지 않아야 합니다.

- 트럼펫을 정면으로 들어 고개를 숙이지 않도록 합니다.

- 목구멍을 열고 호흡하세요.

goals:

1. C음, E♭음, B♭음
2. C장조 음계
3. D.C. al Fine (다 카포 알 피네)

한 옥타브 높은 C음

앞에서 배웠던 C음보다 한 옥타브
높은 C음입니다. 앞에서와 마찬가지로
밸브를 누르지 않고 연주합니다.

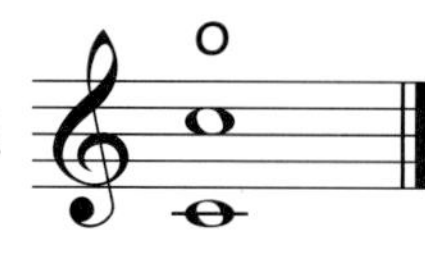

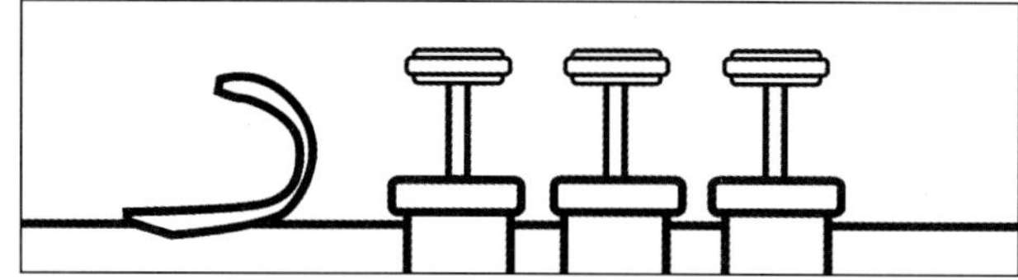

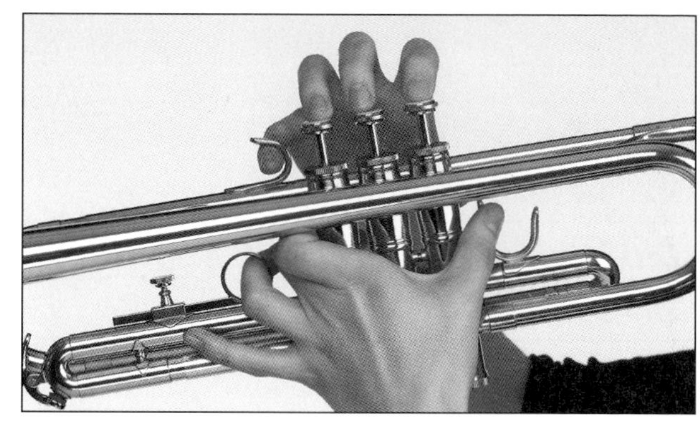

C장조 음계

Tip
한 음씩 차례로
한 옥타브 높은
음까지 올라가거나,
다시 내려가는 것을
음계라고 합니다.

E♭음

E♭음은 2번과 3번 밸브를 누릅니다.

B♭음

B♭음은 1번 밸브를 누릅니다.

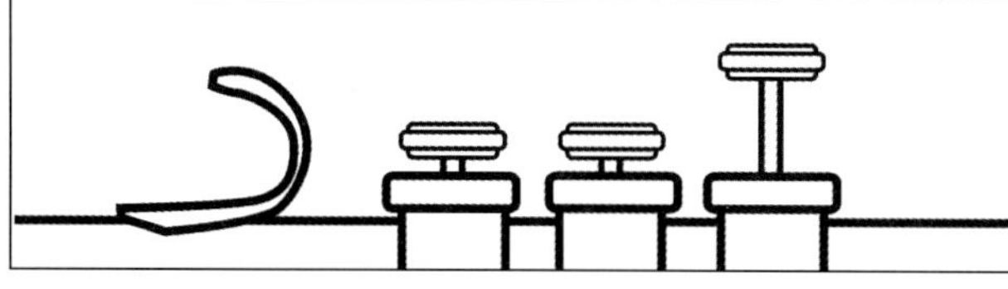

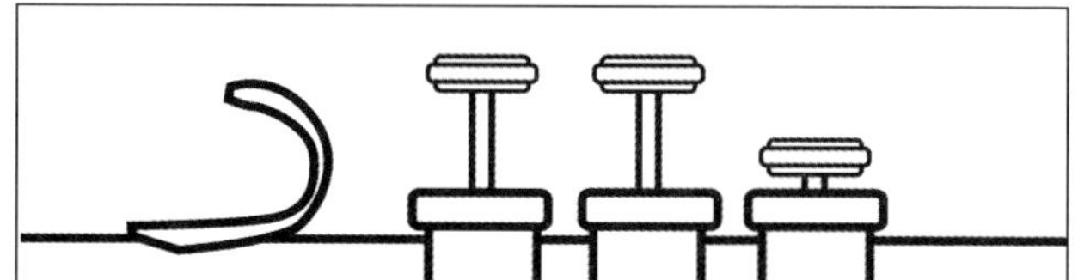

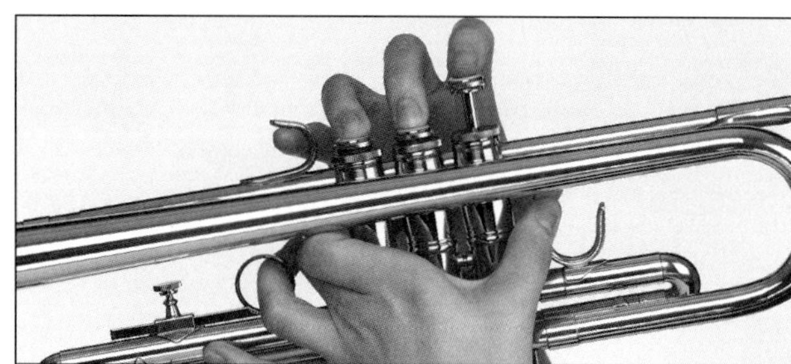

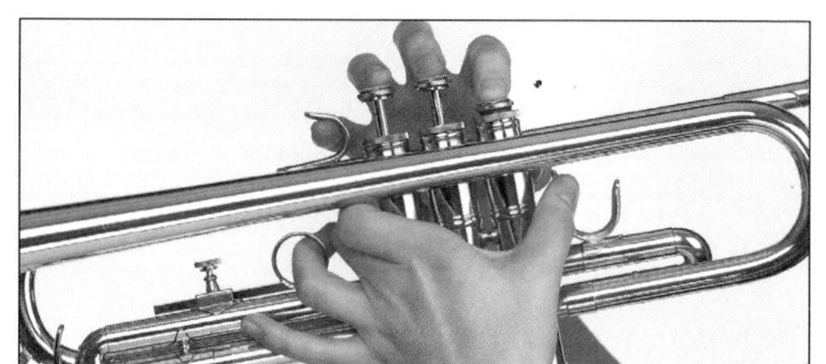

레슨 6을 위한 연주곡

Skye Boat Song (스카이의 뱃노래)

아래 악보에서 D.C.는 Da Capo (다카포)의 약자로, 처음으로 돌아가서 한 번 더 연주하라는 뜻입니다.

Fine는 '끝'이라는 뜻이고 al Fine는 'Fine라고 표시된 곳까지'라는 뜻입니다.

도돌이표가 있는 마지막 단을 두 번 연주한 다음 처음으로 돌아가서 Fine가 있는 곳까지 연주하세요.

Scarborough Fair Duet (스카보로 페어)

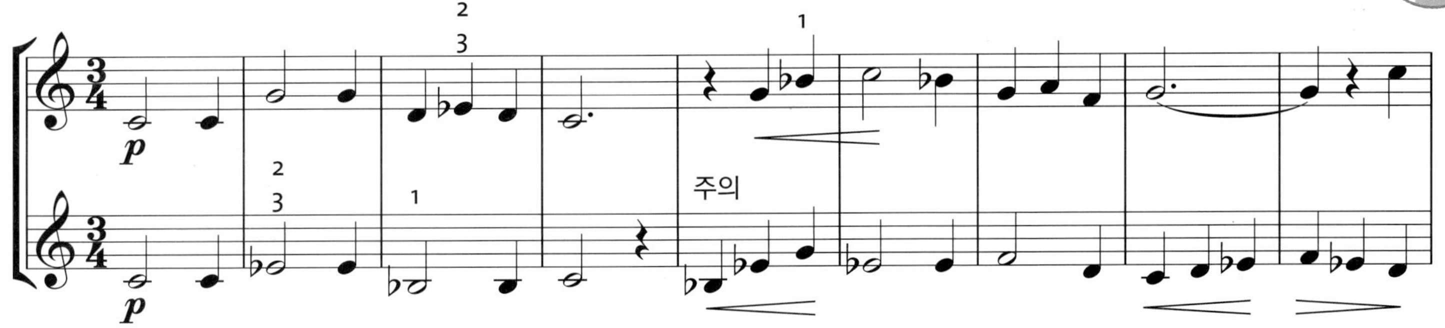

Joshua Fought The Battle Of Jericho (여리고의 전투)

goals:

1. 립 슬러 연습
2. 온음과 반음

립 슬러를 연습할 수 있는 곡들입니다.
모음 입모양 '**우**'와 '**아**'를 재빨리 바꾸면서 연주해보세요.
입술의 힘을 조절하고, 음이 높아질수록 바람을 세게 부세요.

연습 1.

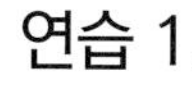

Tip
익숙하게 연주할 수 있을 때까지 여러 번 반복하세요.

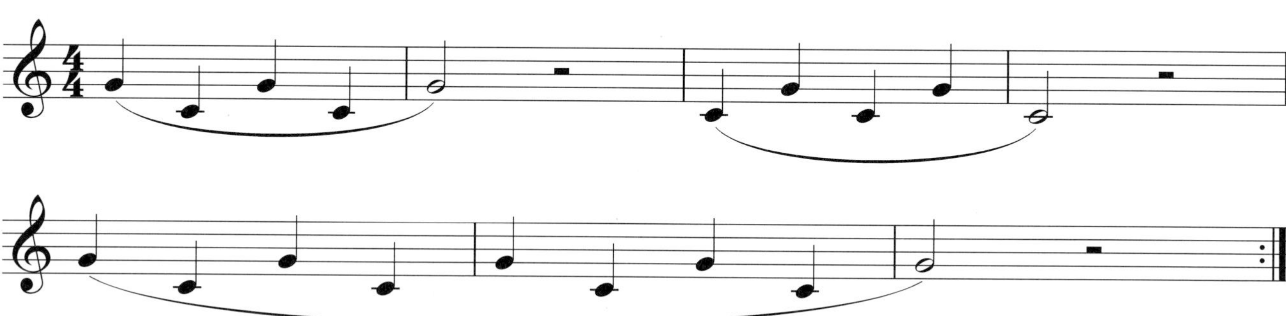

연습 2.

슬러를 할 때도 바람을 불어 넣어야 합니다.

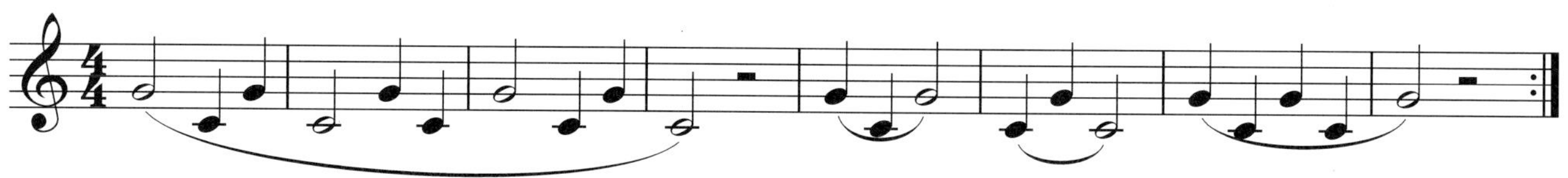

다른 밸브로도 연습해보세요. 먼저 * 반음 내려가서 F♯음(2번 밸브)을 연습하세요. 그 다음에는 다시 반음 내려가서 F(1번 밸브)를, 그리고 E(1번 & 2번 밸브)를 연습하세요.

연습 3.

모음 소리를 입모양을 사용하면 립 슬러에 도움이 됩니다.

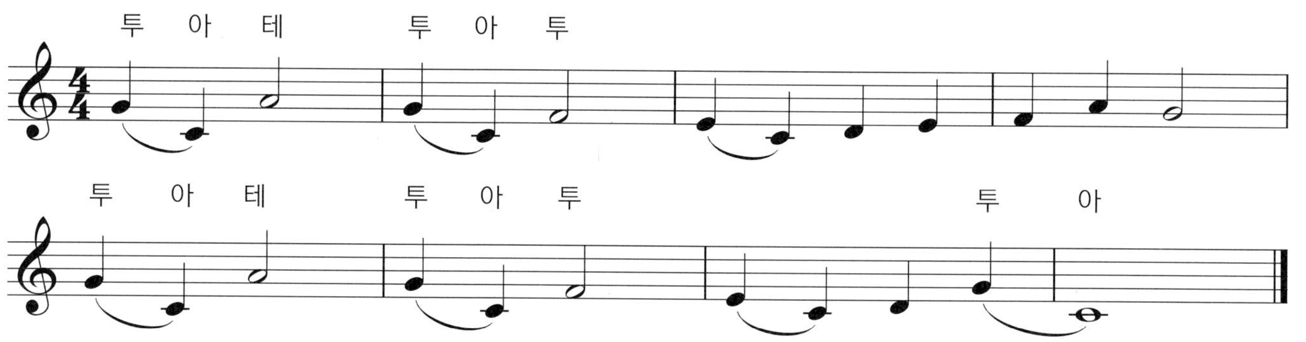

좋은 습관

처음에는 립 슬러를 천천히 연습하세요.
계속 바람을 불어 넣어야 부드럽고 깨끗하게
음을 바꿀 수 있습니다.

* 온음과 반음 : 피아노에서 가장 가까운 두 건반의
간격이 반음입니다. 따라서 G와 F♯음,
F와 E음 등이 반음 간격입니다.
두 개의 반음이 모이면 온음이 됩니다.
G와 F음, F♯과 E음이 온음입니다.

When The Saints Go Marching In (성자의 행진)

Yankee Doodle (양키 두들)

Medieval Dance (중세 춤곡)

처음에는 윗단을 연주하고 도돌이표 다음에는 아랫단을 연주하세요.

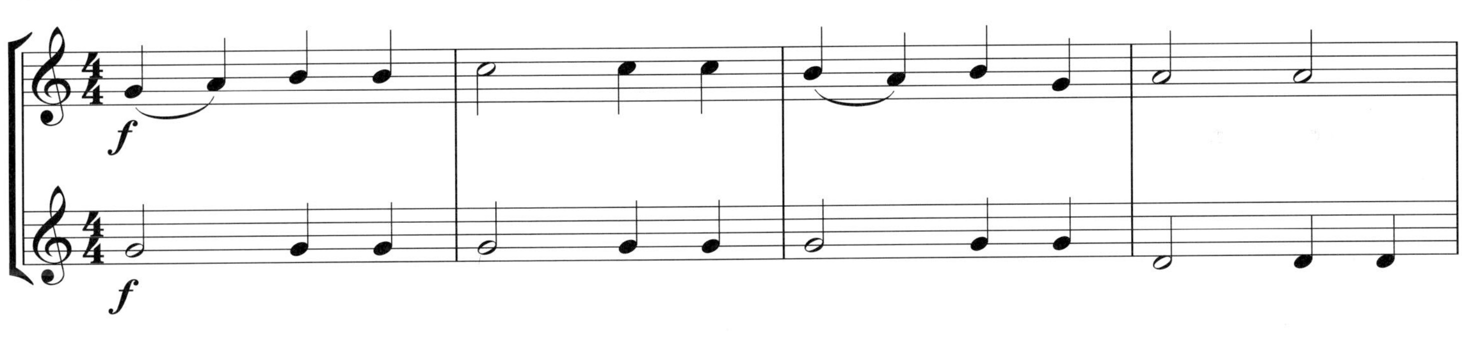

Canon The Bells (종소리 캐논)

돌림 노래입니다. 두 번째 연주자는 첫 번째 연주자가 한마디를 연주한 다음 시작합니다.

2분음표를 1박으로 세며 빠르게 연주해보세요.

F♯음

Tip

잊지 않고 워밍업을 했나요? 워밍업에 5분만 투자하면 더 효과적으로 연습할 수 있습니다.

F♯음은 2번 밸브를 눌러 연주합니다.

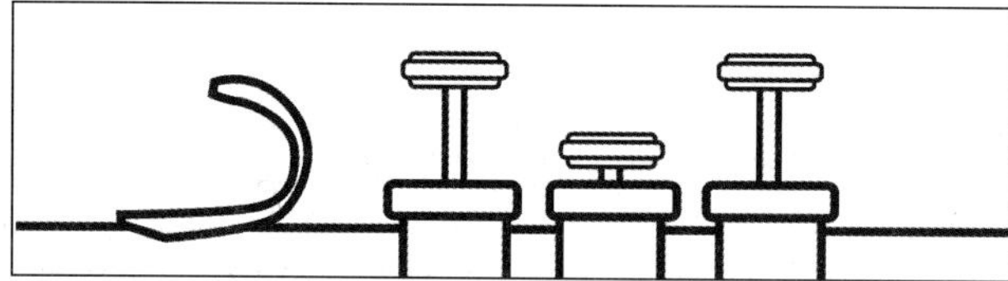

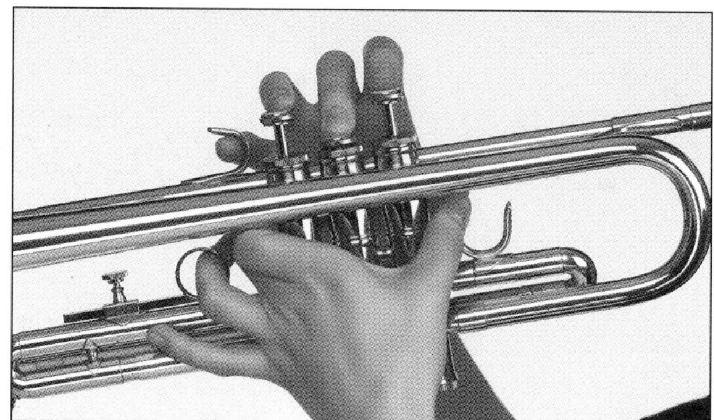

연습 1.

연습 2.

샵(♯)은 음을 반음 올려주고, 플랫(♭)은 반음 내려줍니다.
내추럴(♮)은 ♯이나 ♭을 취소하는 기능을 합니다.
♯, ♭, ♮을 잘 보며 연주해보세요.

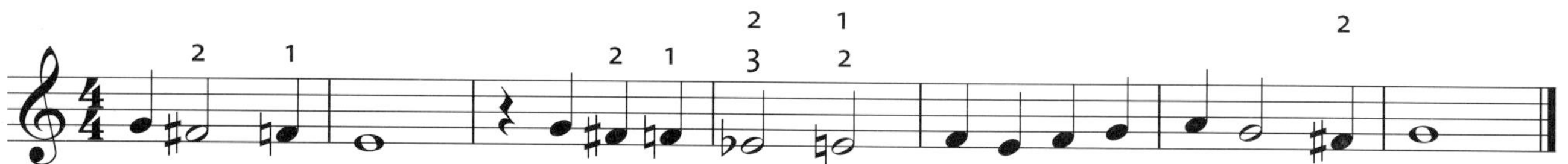

조표

아주 단순한 선율을 노래할 때에도 내기 힘든 높은 음이 있습니다. 대신 조금 낮은 음에서 시작하면 내기 힘들었던 고음도 편안하게 낼 수 있게 됩니다. 이렇게 시작하는 음을 바꿔 노래하는 것은 다른 조(key)에서 노래를 부르는 것입니다.

음악에는 여러 가지 조가 있고, 모든 조에는 구성음들이 있습니다. C장조는 ♯이나 ♭이 없기 때문에 쉽습니다.
G장조에서는 F 대신 F♯을 사용합니다.

악보에서 음자리표 옆의 샵이나 플랫 기호는 조표입니다. 조표를 보면 그 노래의 조를 알 수 있습니다.
조표에 F♯이 있으면 G장조라는 뜻이고, 악보에 나오는 모든 F를 F♯음으로 연주해야 합니다.

연습 3.

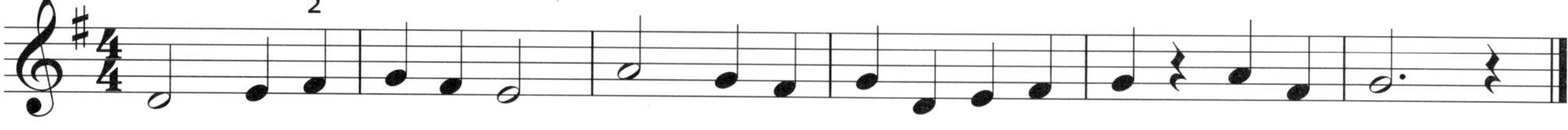

Au Clair de la Lune Duet (달빛 아래에서 – 이중주)

37

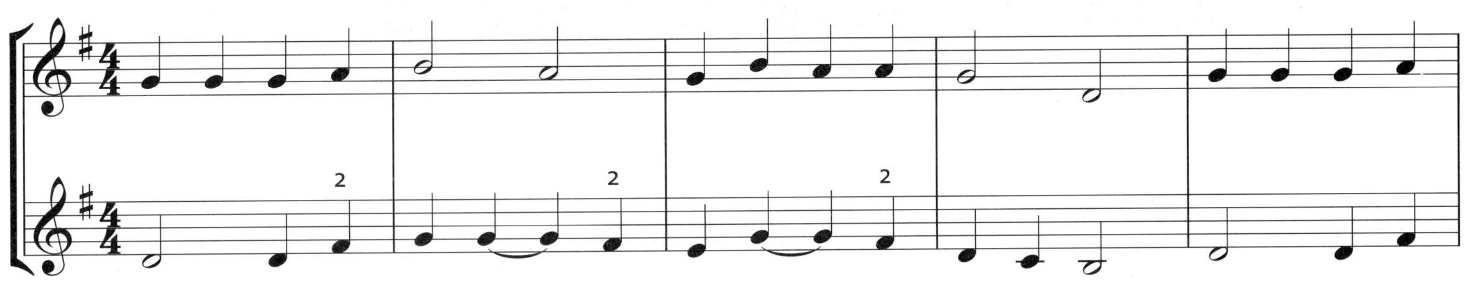

Jingle Bells (징글벨)

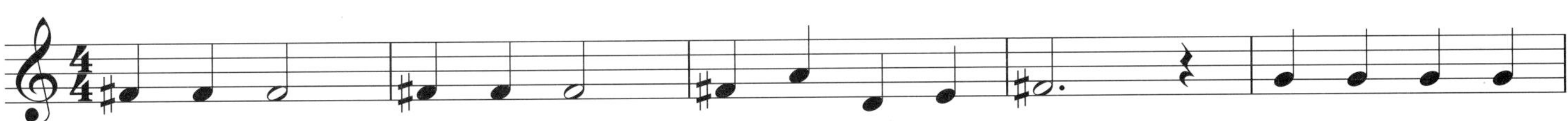

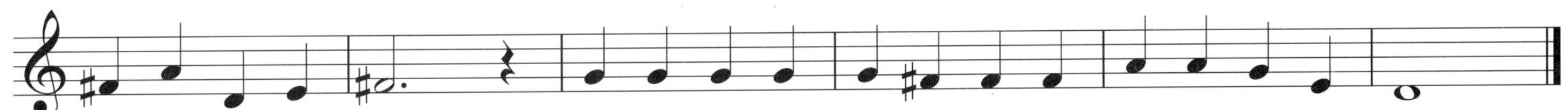

goals:

1. 8분음표, $\frac{2}{4}$ 박자, 커먼타임 (C)
2. 못갖춘마디

8분음표

8분음표는 4분음표의 절반 길이입니다. 따라서 4분음표 한 개를 연주하는 동안 8분음표 2개를 연주 할 수 있습니다.

$\frac{2}{4}$ 박자

$\frac{2}{4}$ 박자는 한마디에 들어가는 박이 $\frac{4}{4}$ 박자의 절반입니다.

따라서 $\frac{2}{4}$ 박자 곡에서 4분음표로 연주하는 선율을 $\frac{4}{4}$ 박자에서 8분음표로 연주하면 두 배 빠른 선율이 됩니다.

커먼타임 (common time)

악보의 **C** 기호는 커먼타임 (common time)의 약자입니다. 커먼타임은 $\frac{4}{4}$ 박자와 같습니다.

연습 1.

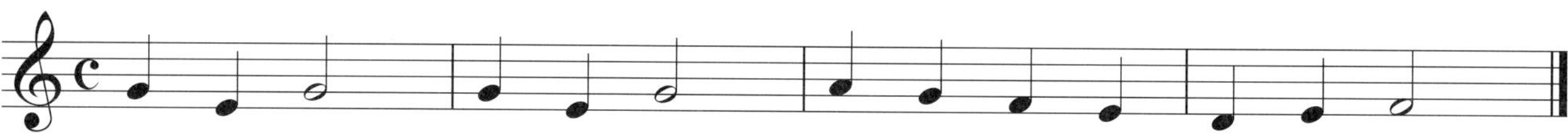

연습 2.

연습 3.

연습 4.

연습 확인

연습을 잘 하고 있나요?

연습은 매일 조금씩 하는 것이 바람직합니다.

연습 전에 워밍업을 하면 훨씬 효과적으로

연습할 수 있습니다.

Abide With Me (함께 하소서)

Long Long Ago (옛날 옛적에)

편곡 Mayes

38·39

못갖춘마디

《참 반가운 신도여》는 1박 길이의 짧은 마디 (못갖춘마디)로 시작하는 곡입니다.
이 박은 마지막 마디의 마지막 박을 가져온 것입니다. 그래서 곡의 처음 부분에 못갖춘마디가 있으면 끝 부분에도
불완전한 마디가 있습니다. 이 두 마디를 합하면 하나의 완전한 마디가 됩니다.

Oh Come All Ye Faithful (참 반가운 신도여)

40·41

마지막 마디에 늘임표 (⌢)가 또 나옵니다. 원래는 3박이지만 더 길게 연주하세요.

Yankee Doodle (양키 두들)

42·43

1. 텅잉 연습
2. F장조 조표
3. 높은 D음
4. 셈여림표: *mp* 와 *mf*

텅잉 연습

(Tip) 잊지 않고 워밍업을 했나요?

처음에는 천천히 연습한 다음 조금씩 빠른 속도로 연주해보세요.
빠르게 연주하더라도 한음 한음 정확하게 불어야 합니다.

연습 1.

연습 2.

점점 속도를 올리면서 연습하세요. 손가락과 텅잉이 조화를 이루어야 합니다.

F장조 조표

F장조에는 플랫이 하나 있습니다 (B♭). 악보에 B가 나오면 항상 B♭음으로 연주하세요.

연습 3.

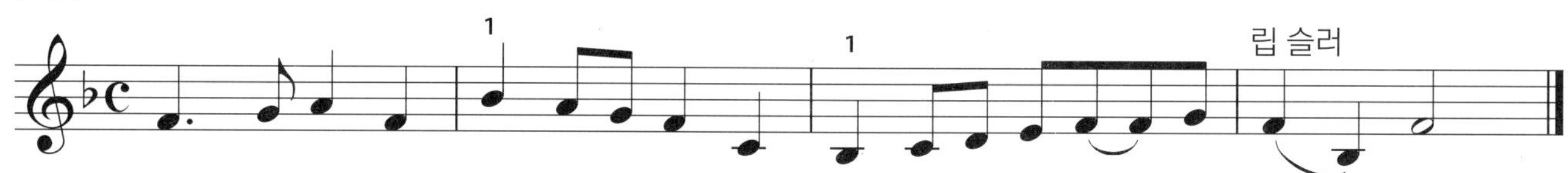

높은 D음

높은 D음은 1번 밸브를 눌러
연주합니다.

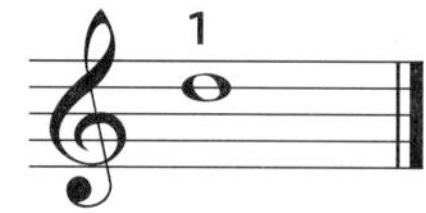

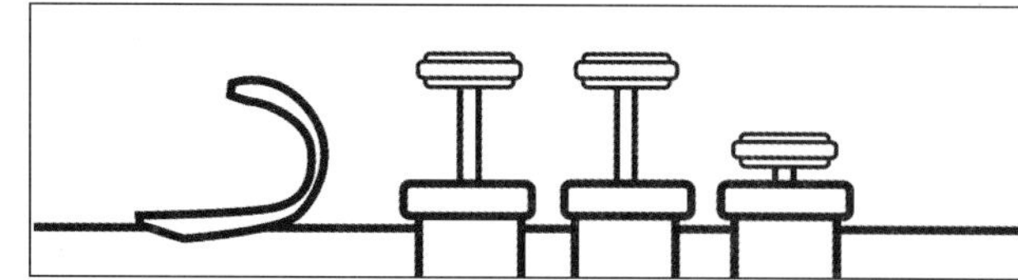

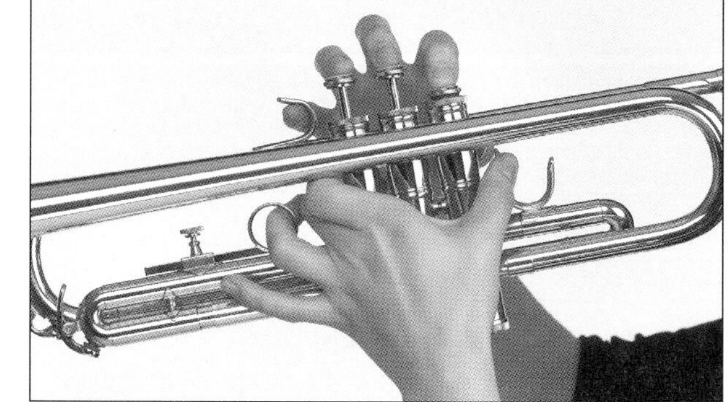

연습 4.

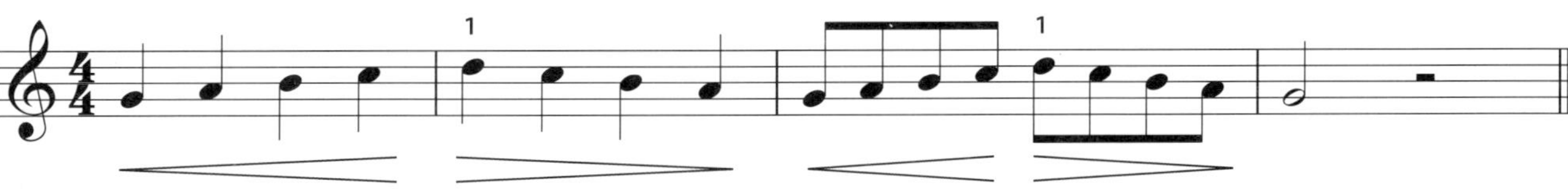

다양한 셈여림표

앞에서 배운 p 와 f 사이에는 다양한 셈여림표가 있습니다. mp 는 조금 여리게, mf 는 조금 세게 연주하라는 뜻입니다. 이때 m 은 mezzo (메조)의 약자인데, 메조는 이탈리아어로 '절반'이라는 뜻입니다.

연습 5.

셈여림표를 지켜 연주해 보세요.

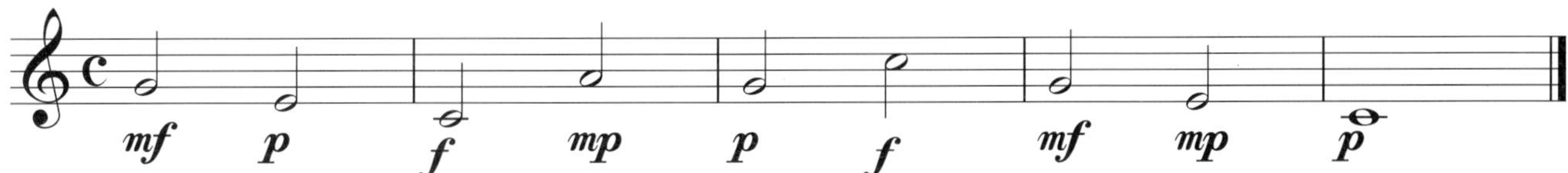

레슨 10을 위한 연주곡

Hark! The Herald Angels Sing (천사 찬송하기를)

44-45

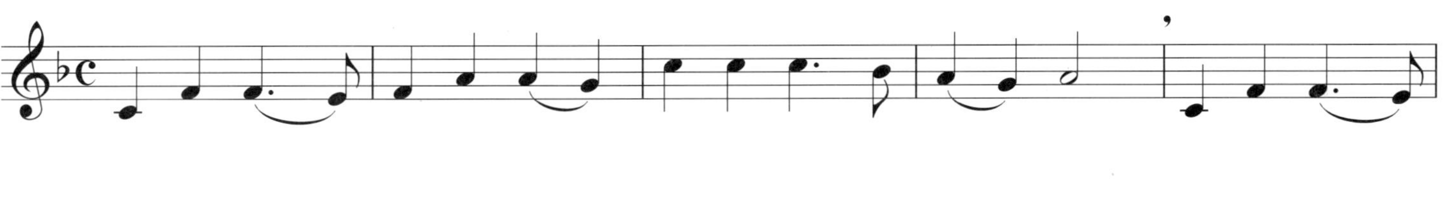

46-47 *Auld Lang Syne* (작별)

48-49 *In Dulci Jubilo* (감미로운 기쁨 안에서)

환희를 느끼며

Prince Of Denmark's March (덴마크 왕자의 행진곡)

CD를 들으며 이 선율이 나올 때마다 함께 연주해보세요.

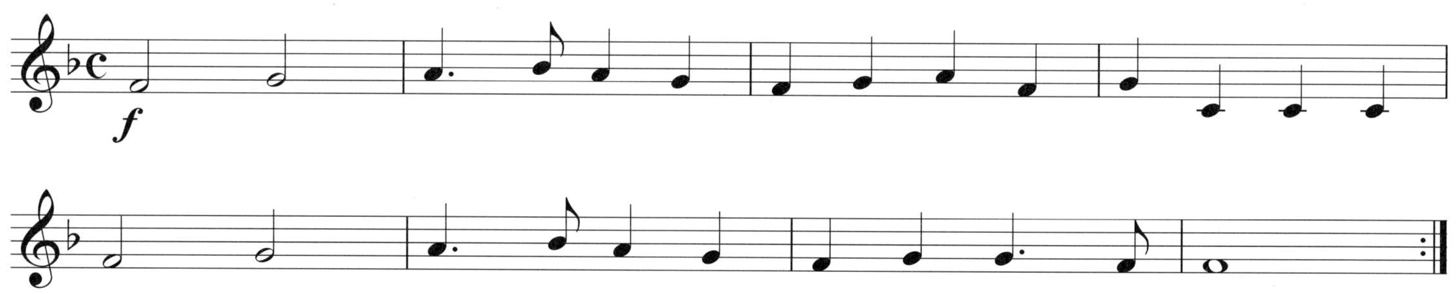

Lesson 6 ~ 10

1. 음표

알맞은 음표를 그려보세요.

| 8분음표 | 2박 길이의
8분음표 묶음 | 점4분음표 | 8분음표 6개와 같은
길이의 음표 |

(4)

2. 음계

G장조 조표와 음계를 그려보세요.

(4)

3. 박자표

악보를 잘 보고 알맞은 박자표를 악보에 쓰세요.

(6)

4. 셈여림표

다음 뜻에 알맞은 이탈리아어를 쓰세요.

조금 세게 _______________________

조금 여리게 _______________________

(4)

5. 연주하기

가장 마음에 드는 곡을 하나 골라 친구들이나 가족들, 또는 선생님 앞에서 연주해보세요.

(7)

Total (25)

goals:

1. G♯음
2. 임시표
3. 단조와 단음계
4. A단조 음계
5. 스타카토와 테누토

G♯음

2번과 3번 밸브를 누릅니다.

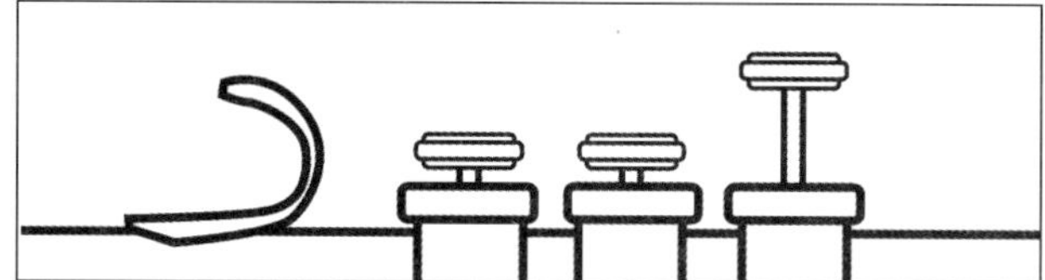

연습 1.

Tip

마디 중간에 ♯이나 ♭이 나오는 것을 임시표라고 합니다. 임시표는 그 마디 안에서만 유효하며, 다음 마디로 넘어가면 자동으로 취소됩니다. 하지만 ♯이나 ♭이 나온 다음 같은 마디 안에서 ♮가 나오면 그 임시표는 바로 취소됩니다.

단조 조표와 음계

지금까지 연주한 곡은 장조(Major)로, 대부분 밝은 분위기의 곡이었습니다. 하지만 작곡가가 곡에서 슬픔을 표현하고 싶을 때도 있습니다. 그런 경우 일반적으로 단조(minor)로 곡을 씁니다.

C장조와 A단조는 같은 조표를 사용합니다. 이렇게 조표가 같은 장조와 단조를 나란한조라고 부릅니다.

원래 A단조 음계는 C장조와 구성음이 같습니다. 그 음계를 A단조의 **자연단음계**(natural minor scale)라고 부릅니다.

하지만 자연단음계에서는 7번째 음과 8번째 음 사이가 온음이기 때문에 끝나는 느낌이 강하지 않습니다.
그래서 A단조의 7음인 G음을 반음 올려 G♯음을 만들어줍니다. 이렇게 7, 8음 사이를 반음으로 만든 단음계를 **화성단음계**(harmonic minor scale)라고 합니다.

이 두 단음계 외에도 자연스러운 선율을 위해서 선율이 위로 올라갈 때는 6, 7음을 반음 올리고, 아래로 내려올 때는 자연단음계처럼 진행하는 **가락단음계**(melodic minor scale)가 있습니다.

연습 2.

연습 3.

스타카토와 테누토 (Staccato & Tenuto)

스타카토 (Staccato)는 음을 짧게 끊어 연주하라는 뜻입니다. (♩)
테누토 (Tenuto)는 음의 길이를 충분히 연주하라는 뜻입니다. (♩)

연습 4.

'두 – 두 – 두' 하고 텅잉하며 길고 꽉 찬 소리를 내보세요. 이 텅잉으로 테누토를 연주해보세요.

레슨 11을 위한 연주곡

Ode To Joy (환희의 송가) 《9번 교향곡》에서

Beethoven

Oh! Susannah (오! 수재너)

50-51

While Shepherds Watched Their Flocks (목동이 양을 치는 동안)

부드럽게

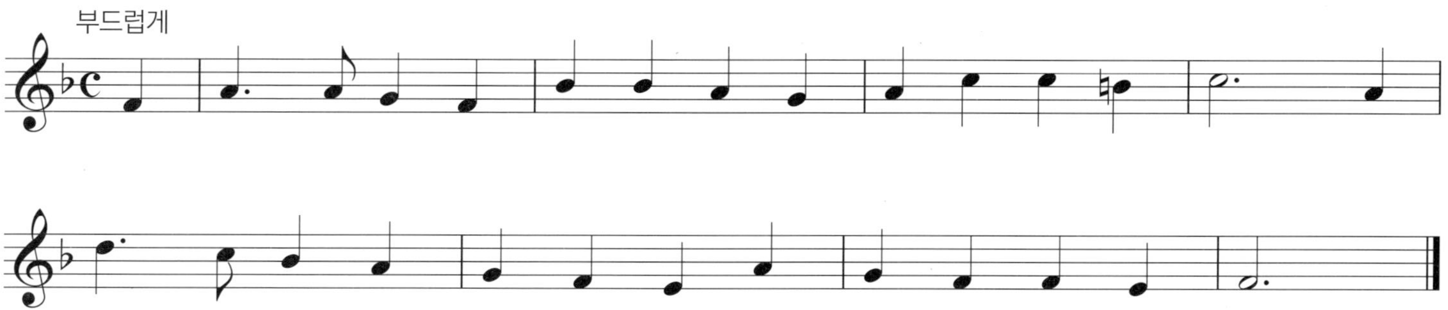

goals:

1. C#음
2. D장조 조표
3. D장조 음계
4. 나타냄말

C#음

밸브 3개를 모두 누릅니다.

높은 C#음

1번과 2번 밸브를 누릅니다.

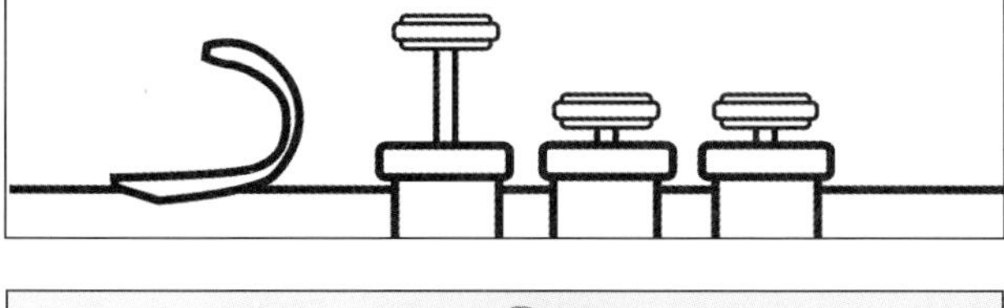
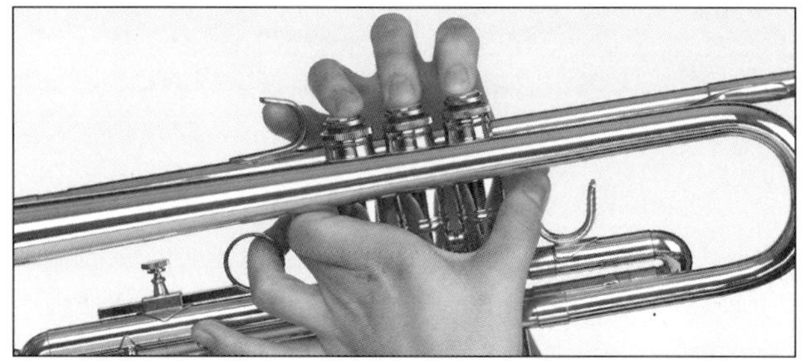
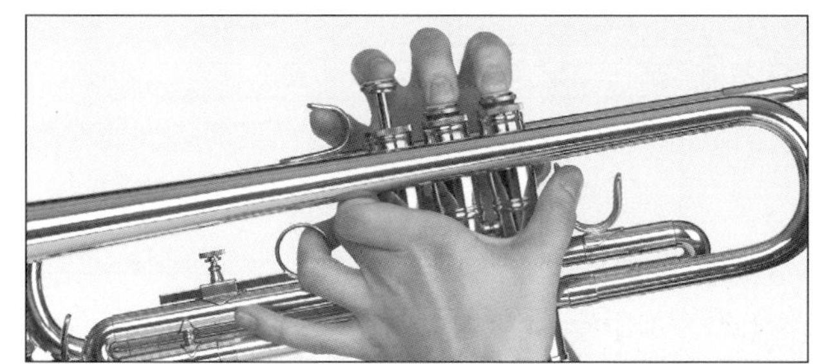

D장조 음계

D장조에는 2개의 ♯이 있습니다 (F♯, C♯).

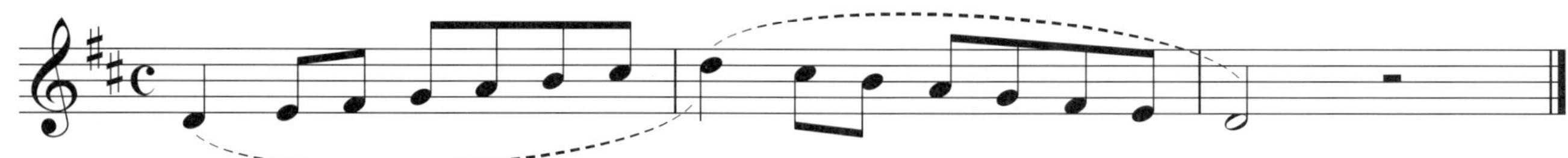

연습 1.

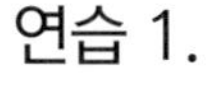
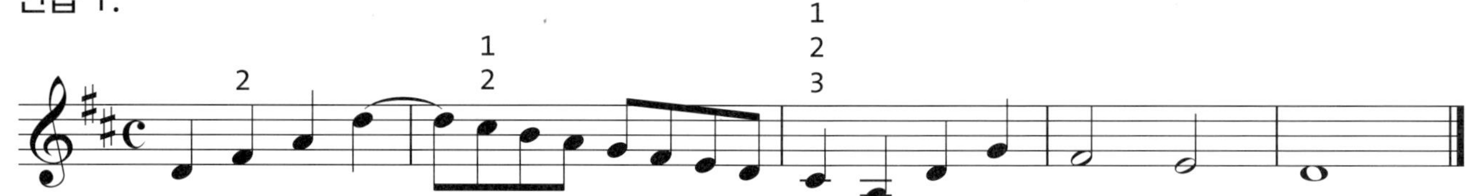

나타냄말

작곡가들은 음악에 표현력을 더하기
위해 다양한 나타냄말로 곡의 분위기를
지시합니다.
Dolce (돌체)는 달콤하다는 뜻입니다.
달콤하게 《자장가》를 연주해보세요.

Deck The Halls (아름답게 장식하세)

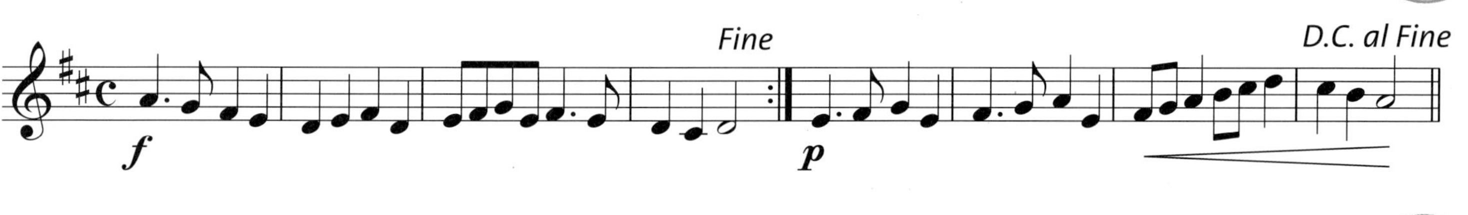

Lullaby (자장가)

Joy To The World (기쁘다 구주 오셨네)

1. 셋잇단음표
2. $\frac{6}{8}$박자

셋잇단음표

원래는 2개의 음이 차지하는 길이를 3개의 음표가 차지하는 것을 셋잇단음표라고 합니다.
지금까지는 4분음표 1개에 8분음표 2개가 들어갔지만 셋잇단음표로 연주하면 4분음표 1개에 8분음표 3개가 들어갑니다.

연습 1.

셋잇단음표는 음표의 묶음 위나 아래에 숫자 3을 적어 표시합니다. 3개의 음을 고르게 연주해보세요.

연습 2.

$\frac{6}{8}$박자는 한 마디에 8분음표가 6개 들어간다는 뜻입니다. 8분음표 6개를 하나하나 세는 것보다는 셋씩, 두 묶음으로 세는 것이 훨씬 쉽습니다.

레슨 13을 위한 연주곡

Mexican Hat Dance (멕시코 모자춤)

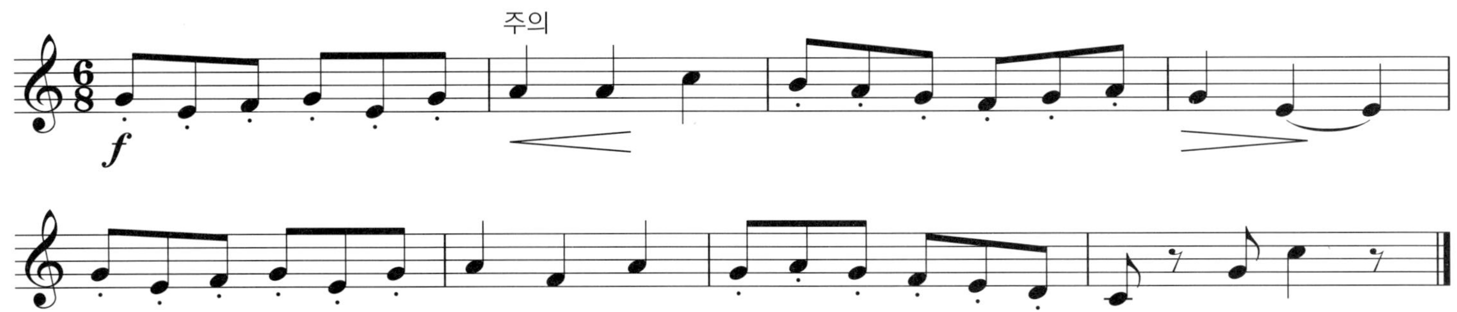

Row, Row, Row Your Boat (릿자로 끝나는 말은)

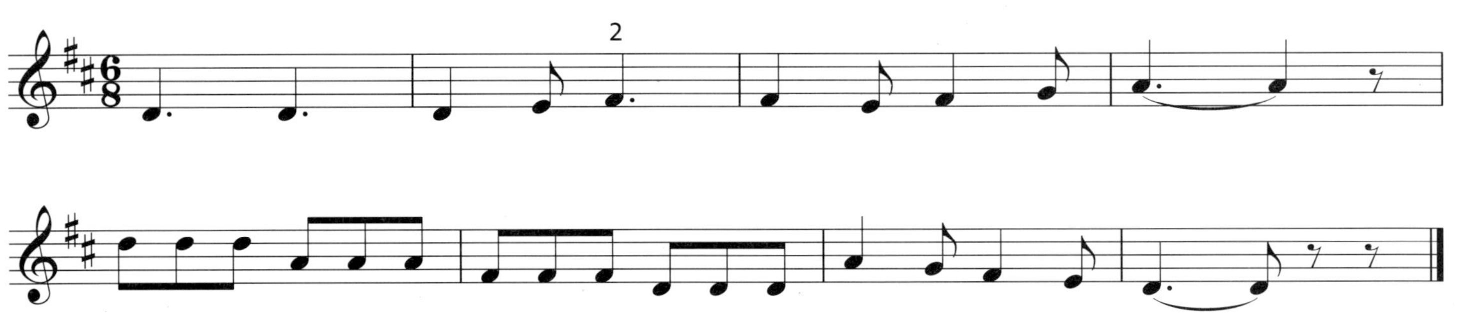

Mulberry Bush (뽕나무 덤불)

Spanish Dance (스페인 무곡)

붙임줄의 리듬감을 잘 살려 스페인의 열정을 표현해보세요.

On Christmas Night (크리스마스 밤에)

1. 스윙 8분음표
2. B♭장조의 조표
3. B♭장조의 음계
4. D.S. al Fine (달 세뇨 알 피네)

이번에는 신나는 재즈 스타일로 연주해보세요!

재즈풍의 선율에는 짝을 이룬 두 음 중에서 첫 음이 더 길고 둘째 음은 짧은 스윙 리듬이 있습니다. 연습 1을 연주해보세요.

연습 1.

Tip
B♭음은 1번 밸브를 누르고 E♭음은 2번과 3번 밸브를 누릅니다.

연습 2.

재즈에서는 연습 1처럼 연주하면서도 연습 2의 악보처럼 적는 경우가 많습니다.

악보 앞에 "스윙(Swing)"이라고 있으면 8분음표를 악보대로 연주하지 말고 스윙 리듬으로 연주하세요.

B♭장조의 조표

B♭장조의 조표에는 플랫이 2개 있습니다 (B♭, E♭). 악보에 E나 B가 나오면 E♭, B♭음으로 연주하세요

B♭은 1번 밸브를, E♭은 2, 3번 밸브를 누릅니다.

B♭장조의 음계

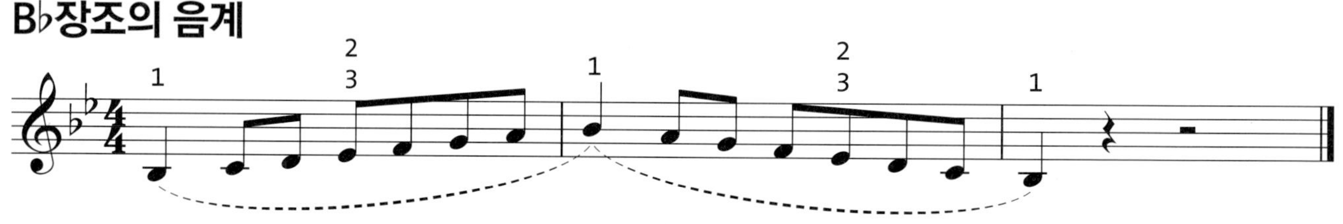

레슨 14를 위한 연주곡

Tip
워밍업을 잊지 마세요!

Blue Bells Of Scotland (스코틀랜드의 푸른 종)

D.S. al Fine (달 세뇨 알 피네)는 달 세뇨 기호 𝄋로 돌아가서 Fine까지 연주하라는 뜻입니다.

Jingle Bells – Jazz Style (재즈 스타일의 징글벨)

Blow The Boogie Woogie (부기우기를 불어요)

Believe Me If All Those Endearing Young Charms

(믿어 주오, 모든 것이 변할지라도)

goals:

1. 립 슬러로 높은 C까지 연주하기
2. 모든 벨브 포지션으로 립 슬러 연습하기
3. 첫 번째 마침과 두 번째 마침

립 슬러

지금까지는 립 슬러로 낮은 C에서 G음으로 올라가는 것과, 반대로 G에서 C음으로 내려오는 것을 익혔습니다.
이번에는 다른 음을 연습해보세요.

연습 1.

바람을 내쉬며 '**투 – 히**' 하고 말해보세요.

혀의 모양이 변하는 것이 느껴지나요?
바람의 속도가 빨라지는 것이 느껴지나요?

이제 트럼펫에서 똑같이 해보세요.

연습 2.

먼저 1번과 2번 밸브를 누르고 E에서 A음으로 올라가보세요. 그런 다음 반음씩 위에서 시작하며 높은 C음까지
올라가보세요.

Tip

연주 전에 항상 숨을 세게
들이 마시는 것을
잊지 마세요.

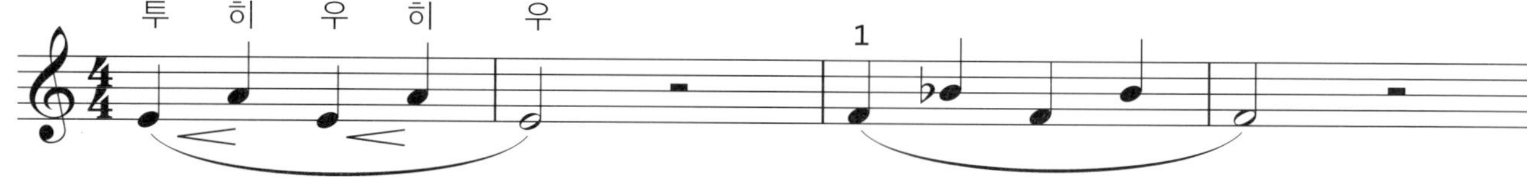

슬러를 할 때도 바람을
불어 넣어야 합니다.

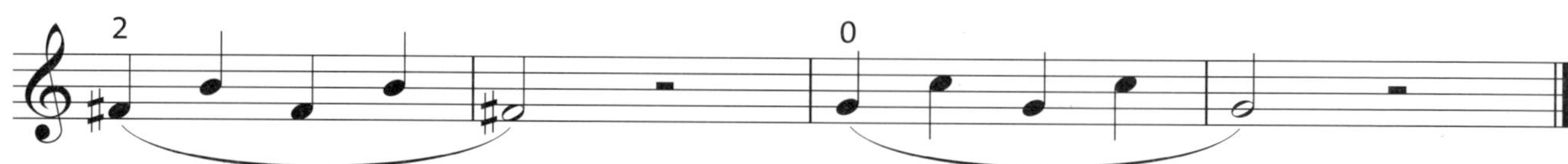

연습 3.

'**투 – 히**' 하고 불 때 입술이 더 단단해야 합니다.

립 슬러 연습

7개의 밸브 포지션을 모두
사용해서 음을 올리고
내리는 연습을 하세요.

밸브를 잡는 방법은 7가지가 있습니다. 7개의 밸브 포지션으로 립 슬러 연습을 해보세요.

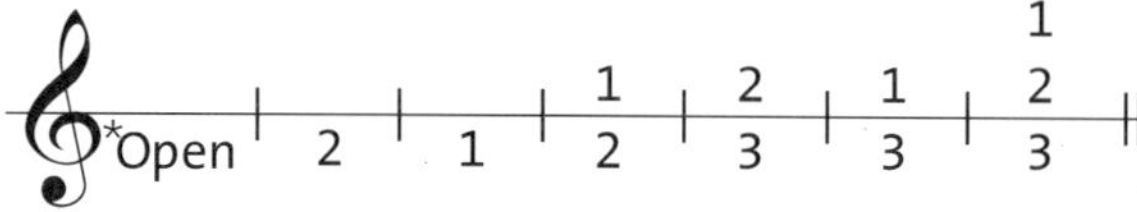

* Open (오픈): 아무 밸브도 누르지 않은 상태

레슨 15를 위한 연주곡

Skating (스케이팅)

'**투 – 히**'를 생각하며 첫 F에서 B로 음을 올려보세요.

Home On The Range (언덕 위의 집)

이 곡에서 1, 2라고 적힌 것은 첫 번째 마침과 두 번째 마침이라고 부릅니다. 처음부터 첫 번째 마침까지 연주한 다음,
앞 도돌이표로 돌아가서 반복합니다. 반복할 때는 첫 번째 마침 (1번)은 생략하고 두 번째 마침 (2번)으로 돌아갑니다.

The First Noël (노엘)

연주하기 전에 셈여림표를 확인하세요. *mp* 에서 시작해 *f* 까지 점점 커집니다.
마지막 네 마디에 세게 연주할 수 있도록 처음에는 여리게 시작하세요.

Lesson 11 ~ 15

---

(4)

1. 조표

알맞은 조표를 그려보세요.

G장조　　　　F장조　　　　A단조　　　　A장조　　　　C장조

---

(4)

2. 점음표

점음표를 사용하여 왼쪽의 악보를 단순하게 바꿔보세요.

---

(6)

3. 음표와 음이름

다음의 음들을 4분음표로 그리고 음표 위에 밸브 번호를 적어보세요.

G#　　　　Bb　　　　F#　　　　D　　　　C#　　　　A

---

(6)

4. 음악용어

다음은 무슨 뜻인가요?

Fermata (페르마타) _______________

Legato (레가토) _______________

Piano (피아노) _______________

Diminuendo (디미누엔도) _______________

Mezzo forte (메조 포르테) _______________

Staccato (스타카토) _______________

---

(5)

5. 음계

A 가락단음계를 악보에 그려보세요.

Total (25)

warming up:

이제 연습을 시작하기 전에 워밍업을 하는 습관이 생겼겠지요?

연습 전에 워밍업을 하면 연습을 훨씬 효과적으로 할 수 있을 뿐 아니라, 기본기를 다질 수 있고 더 큰 소리, 더 높은 음, 더 빠른 선율을 연주하는 데 필요한 체력과 힘도 기를 수 있습니다.

그러기 위해서는 일정 기간 동안 꾸준하게 한 가지 워밍업 연습을 하는 것이 좋습니다.

하지만 어느 정도 시간이 지나면 조금 더 어려운 워밍업으로 바꿔서 새로운 테크닉을 익히는 것이 좋습니다.

이제부터는 워밍업을 할 때 아래의 연습도 함께 하세요.

1. 립 슬러 연습

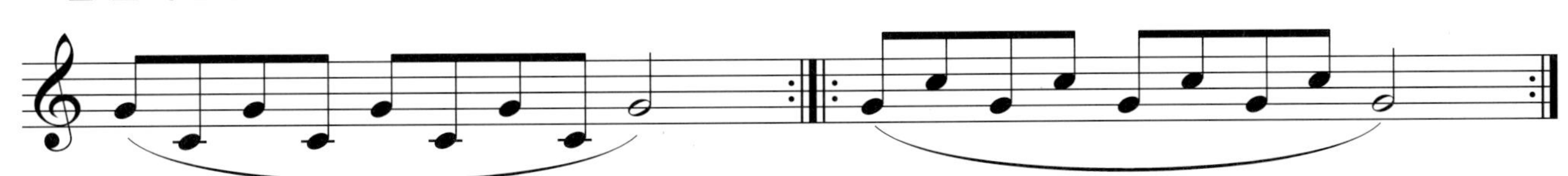

Tip

다양한 밸브 포지션으로 이 연습을 여러 번 반복 하세요.

립 슬러 연습은 입 주변 근육에 힘을 기를 수 있는 연습입니다.

모음 입모양을 이용하며 이 연습을 여러 번 반복 하세요.

2. 텅잉과 운지의 조화

처음에는 천천히 연습한 다음 익숙해지면 빠른 속도로 연습하세요. 텅잉과 손가락의 움직임이 조화를 이룰 수 있도록 도와주는 연습입니다.

텅잉으로도 연습하고 슬러로도 연습하세요.

3. 빠른 텅잉

최대한 빨리 텅잉해보세요. 매일 조금씩 속도를 올려 보세요. 꾸준히 하면 엄청난 속도로 텅잉할 수 있게 될 것입니다!

마음에 드는 음을 하나 골라서 연습하세요.

goals:

1. 다양한 음정과 모음 입모양
2. 아르페지오

모음 입모양이 립 슬러에 도움이 된다는 것은 앞에서 이미 느꼈을 것입니다.
이제 다양한 * 음정의 슬러 주법을 익혀보세요.

* 음정: 두 음의 거리

연습 1.

높은 음에서는 힘이 더 필요하기 때문에 높은 음은 더 세게 연주해야 합니다.
낮은 음에서 높은 음으로 올라갈 때 크레센도로 연주하면 편합니다.

연습 2.

여러 가지 모음 입모양을 시도해보면서 어떤 입모양이 가장 효과적인지 찾아보세요.

Tip
크레센도를 할 때 멈추지
말고 계속 바람을 불어
넣으세요.

아르페지오 (분산화음)

음계의 1, 3, 5, 8번째 음을 차례로 연주하는 것을 아르페지오 (arpeggio) 또는 분산화음이라고 합니다.
트럼펫으로 팡파르를 연주할 때 자주 사용됩니다.

연습 3. C장조 아르페지오

아르페지오를 연주할 때도
모음 입모양을 사용하세요.

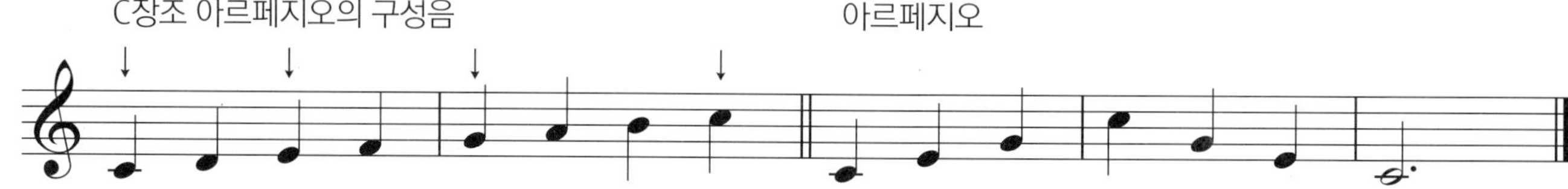

연습 4.

레슨 16을 위한 연주곡

Hop, Skip & Jump (깡충깡충, 폴짝폴짝)

Jumping Beans (* 점핑 빈)

* 점핑 빈: 멕시코산 식물의 씨앗으로, 씨앗 속에 작은 벌레가 생기면
벌레가 움직일 때마다 씨앗이 통통 튄다고 합니다. 통통 튀는 소리를 만들어보세요.

Swing Low, Sweet Chariot (흔들리는 마차)

흑인 영가

1. 아티큘레이션
2. 또렷하게 연주하기

아티큘레이션 (Articulation)

아티큘레이션은 음을 연주하는 방식을 나타내는 말입니다.
음을 짧게 또는 길게 연주하는 것, 세게 또는 여리게 연주하는 것 모두 아티큘레이션에 포함됩니다.

연습 1. 스타카토

레슨11에서 보았듯이 음표 아래나 위에 점이 찍혀 있으면 그 음을 짧게 연주하라는 뜻입니다.
스타카토 음은 바람을 짧고 굵게 불어 연주합니다.

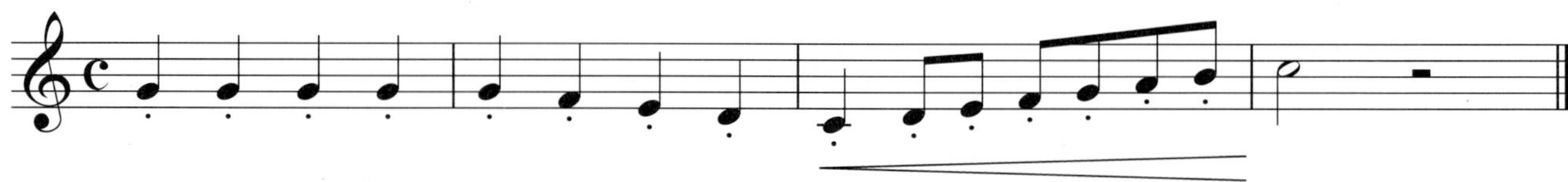

연습 2. 악센트 (Accent)

악센트는 그 음을 세게 연주해 강조하는 것입니다.
바람을 세게 불되, 스타카토처럼 짧게 끊지는 마세요.

연습 3. 부드럽게 텅잉하기

부드러운 선율을 연주할 때는 '**투**'보다는 '**두**'라고 말하며 텅잉하는 것이 도움이 됩니다. '**두**'라고 말할 때 혀가 조금 뒤로
가는 게 느껴지나요? 더 부드럽게 텅잉하고 싶으면 '**후**'라고 말한다고 상상하면서 더 부드럽게 '**두**'라고 텅잉하세요.

연습 4. 테누토와 데타셰 (Tenuto & Detache)

음표 머리에 선이 있는 것이 테누토 기호입니다. 테누토는 그 음의 길이만큼 충분히 채워서 연주하라는 뜻입니다.
아래 악보를 보며 최대한 바람이 끊어지지 않게 한음 한음 이어서 연주해보세요.

음표 머리에 점과 선이 같이 있는 것은 데타셰입니다. 스타카토만큼 짧게 연주하는 것은 아니지만, 음을 강조하며 끊어서
연주하라는 뜻입니다. 통통 튀는 음이라고 상상하며 연주하세요. 바람을 조금 세게 불면 도움이 됩니다. 위에서 '**두**'와 '**후**'를
합했듯이 이번에는 '**투**'와 '**후**'를 합해서 텅잉하세요.

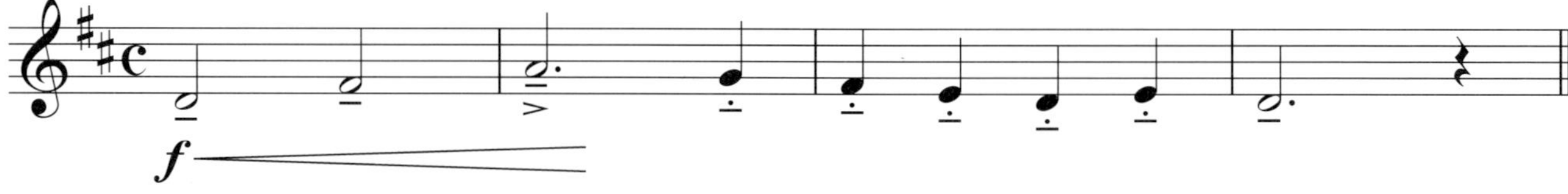

또렷하게 연주하기

트럼펫을 연주할 때는 음을 불기 시작할 때의 소리가 매우 중요합니다.
아래처럼 '우와‒ 우와‒' 하는 소리가 나지 않도록 조심하세요.

잘못된 연주 예:

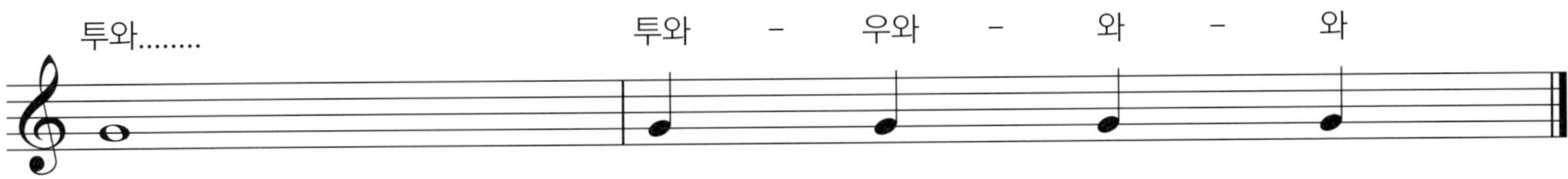

연습 5.

아래 악보처럼 또렷하게 음을 시작하는 연습을 하세요.

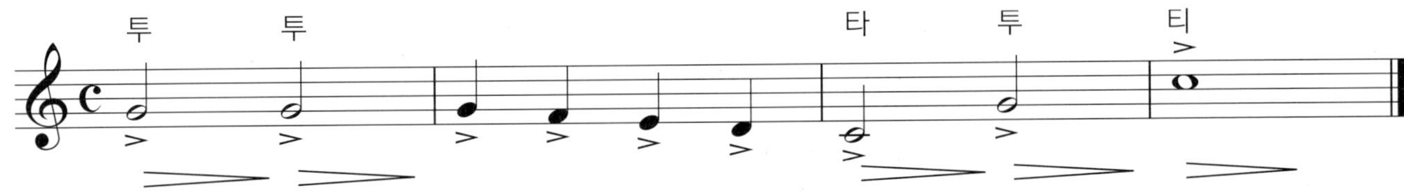

Tip
큰 소리로 연습한 다음 작은
소리로도 연습하세요.

레슨 17을 위한 연주곡

Mango Walk (망고 워크)

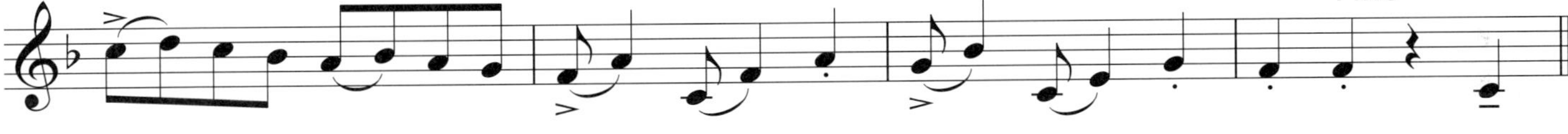

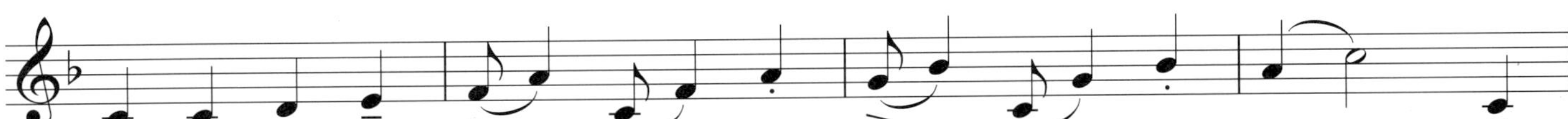

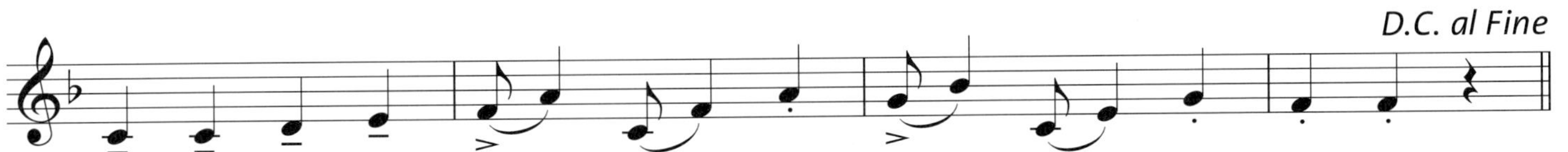

Can Can (캉캉)

빠르게

goals:

1. 높은 E와 E♭음
2. E♭장조의 음계와 아르페지오
3. 립 슬러로 E음 연주하기

E음

높은 C 바로 위의 E음입니다.
C음과 마찬가지로 오픈 포지션으로
연주합니다.

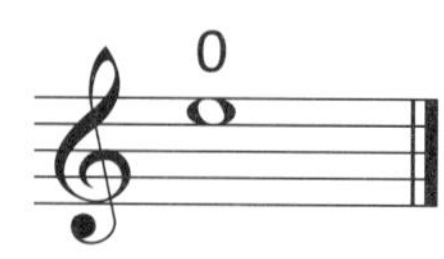

E♭음

2번 밸브를 누릅니다.

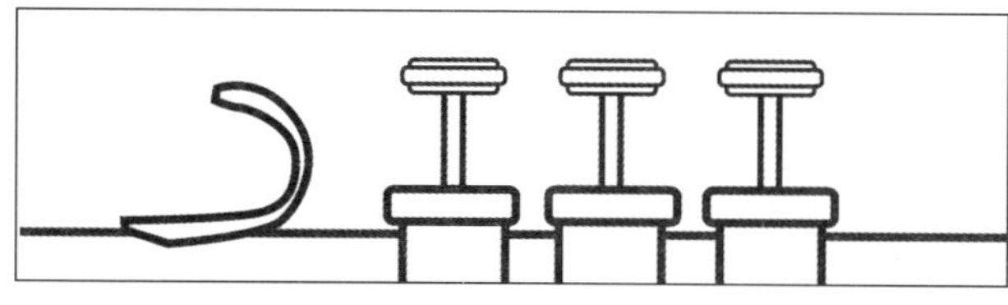

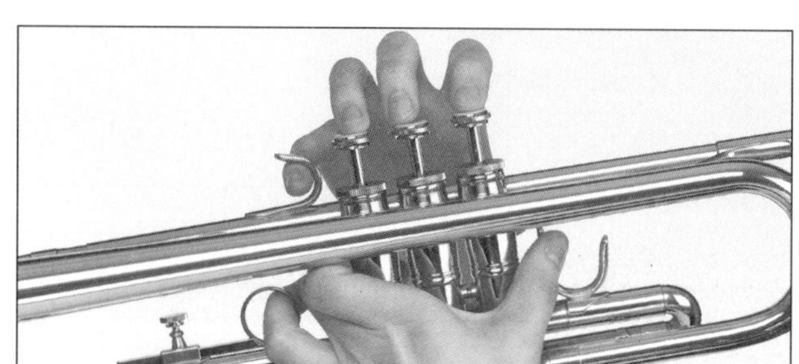

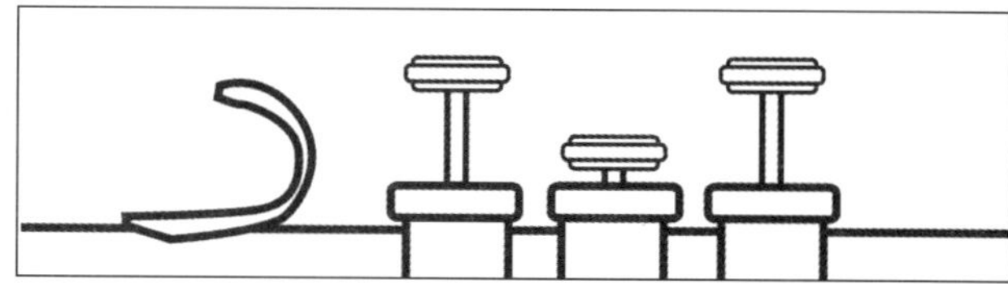

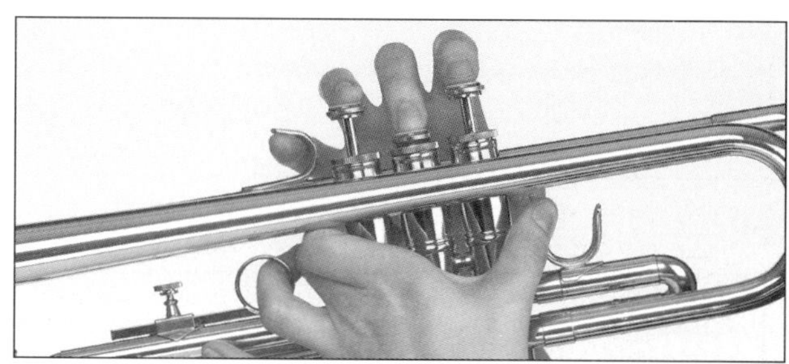

* 오픈 포지션: 아무 밸브도 누르지 않은 상태

E♭장조의 음계와 아르페지오

E♭장조의 조표에는 ♭이 3개 있습니다: B♭, E♭, A♭
악보의 모든 B, E, A음에 ♭을 붙여 연주하세요.

*《어드벤쳐 악기 시리즈》스케일 & 아르페지오 교재를 함께 연습하면 좋습니다.

립 슬러 연습을 더 해보세요.

립 슬러로 높은 C음까지 올라가는 워밍업을 하고 있나요?
이제 1번과 3번 밸브를 누르고 G음에서 시작해보세요.

연습 1.

처음에는 천천히 연습하세요. 모음 소리 '테'와 '티'를 사용하며 '히'라고 말할 때의 바람으로 연주해보세요.
'후'라고 말할 때 배의 느낌을 기억하면서 '히'라고 말해보세요.
음이 올라가면 입술을 단단하게 하고 음이 내려가면 입술에 힘을 조금 빼세요.

Tip

모든 밸브 포지션으로
연주하며 오픈 포지션의
C음까지 올라가보세요.

연습 2.

립 슬러로 연주해보세요. 높은 음으로 올라갈 때는 배에 힘을 주고 '**투 – 에 – 우 – 오 – 우**', 그 다음에는 '**테 – 이 – 에 – 우 – 에**'라고 불어보세요.

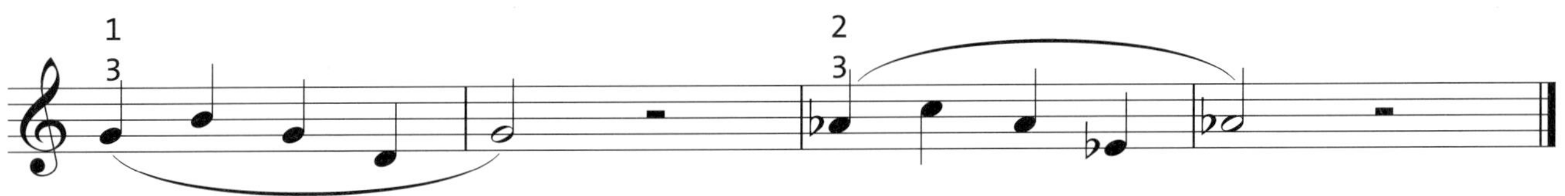

(Tip)

모음 소리를 잘 이용해
립 슬러로 연주해보세요.

레슨 18을 위한 연주곡

When The Saints Go Marching In (성자의 행진)

Home Sweet Home (즐거운 나의 집)

75

goals:

1. 높은 F음
2. 높은 음 연습
3. 메트로놈 기호
4. D.C. al coda (다 카포 알 코다)
5. 셈여림표: *pp*와 *sf*

높은 F음

낮은 F와 마찬가지로 1번 밸브를
눌러 연주합니다.

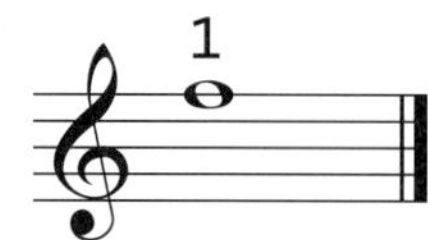

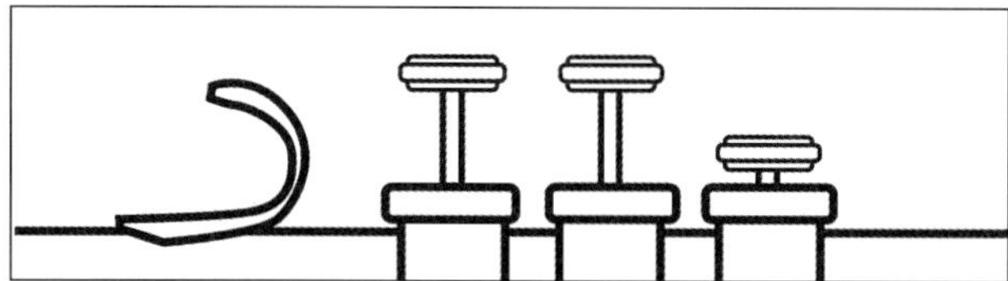

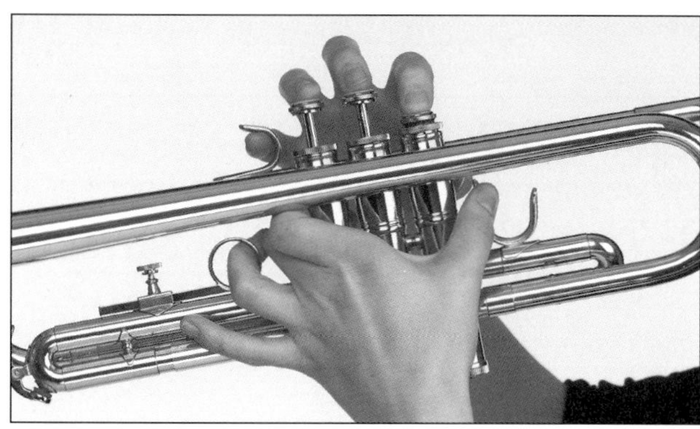

높은 음 연습

트럼펫은 높은 음을 연주할 때가 많습니다. 높은 음을 연주할 때는 힘과 체력이 반드시 필요합니다. 연습 1은 바람의 세기를 조절하는 연습입니다. 지금까지 배운 모음 입모양을 다양하게 사용해보고 어떤 모음 입모양이 가장 효과적인지 찾아보세요. 크레셴도로 슬러를 연주하세요.

Tip

슬러로 연주할 때 멈추지
말고 바람을 불어 넣어야
합니다.

연습 1.

이 연습을 항상 하세요.
익숙해지면 한 음씩 더 위로
올라가보세요.

셈여림표

pp = 피아니시모 (pianissimo), 매우 여리게

sf = 스포르찬도 (sforzando), 그 음을 특히 세게

레슨 19를 위한 연주곡

Blue Skies (푸른 하늘)

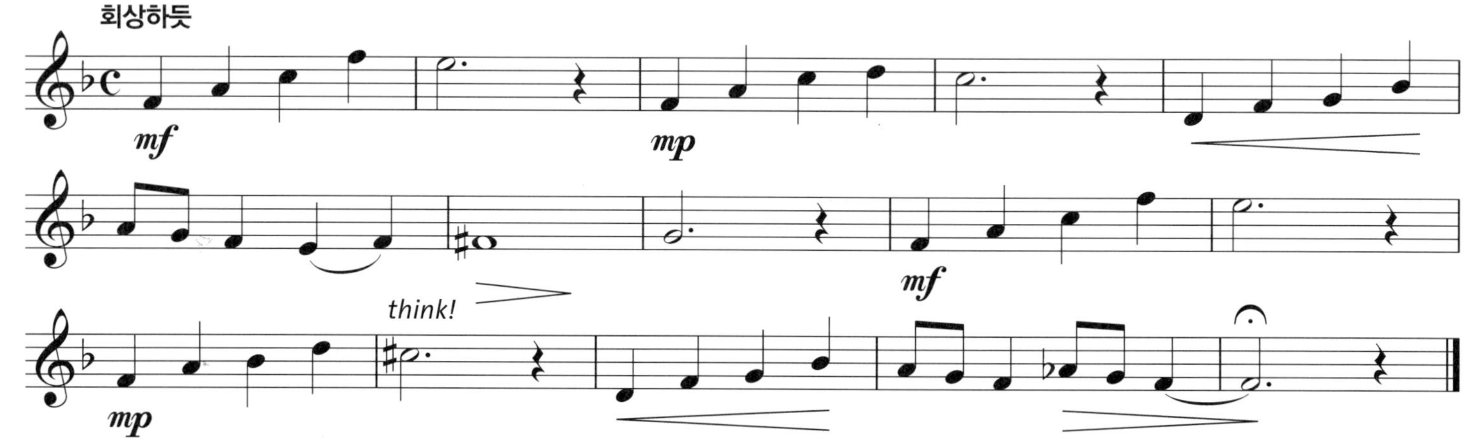

Winding Up (마무리하기)

♩=100은 1분에 4분음표를 100번 치는 빠르기로 곡을 연주하라는 기호입니다. 메트로놈을 이용하면 일정한 속도로 연주하기 쉽습니다. D.C. al coda는 처음으로 돌아가서 To coda까지 연주한 후 다음 coda로 건너뛰어 연주하라는 뜻입니다.

goals:

1. 표현하며 연주하기
2. D단조 음계와 아르페지오
3. 셈여림표: *ff*

표현하며 연주하기

트럼펫은 다양한 표현을 할 수 있는 악기입니다. 표현을 한다는 것은 음악에서 분위기나 느낌을 표현한다는 것입니다.
서정적인 음악을 연주할 때는 지금까지 배운 모든 섬세하고 음악적인 표현들을 사용해보세요.
음악적인 상상력을 발휘해서 다양한 셈여림과 슬러를 추가하고 어떤 템포로 연주하면 좋을지 정해보세요.

레슨 20을 위한 연주곡

아래 두 곡은 분위기가 매우 다릅니다. 곡에 맞는 분위기로 연주해보세요.
《미완성 교향곡》은 아름답고 길게 이어지는 선율이 매력적입니다. 크레셴도와 디미누엔도를 잘 살려 부드럽게
연주해보세요. 《론도》에서는 활기가 느껴져야 합니다!

The Unfinished Symphony (미완성 교향곡) 《제2주제》 에서 — Schubert

Rondo from Horn Concerto No.4 (론도) 《호른 협주곡 4번》 에서 — Mozart

사냥 나팔 소리를 들려주세요!

D단조 음계와 아르페지오

D단조의 조표를 확인하세요. D단조는 F장조와 나란한 조입니다.

연습 1.

D 가락단음계

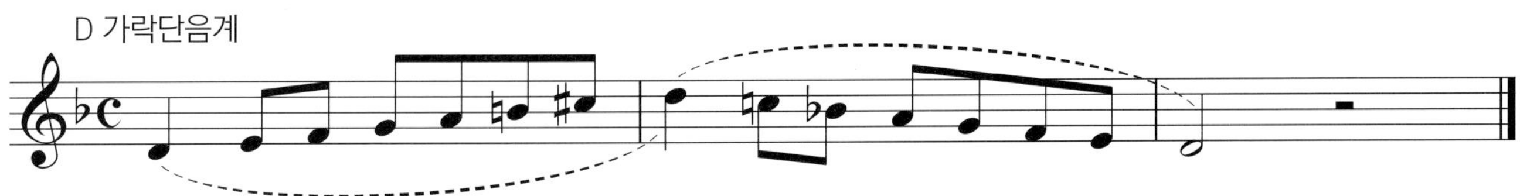

연습 2.

D 화성단음계

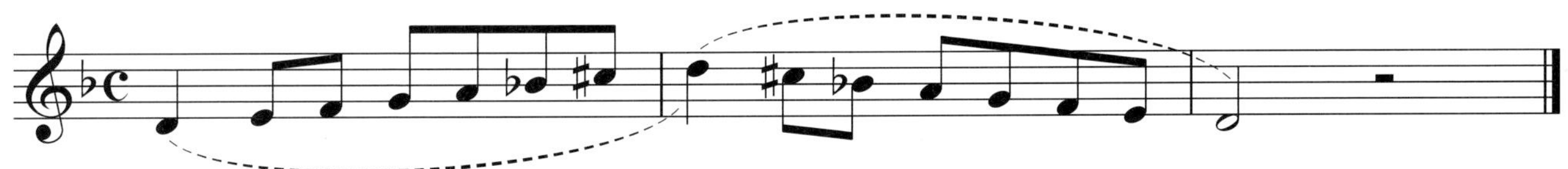

연습 3.

D 단조 아르페지오

셈여림표

소리의 크기를 조절할 수 있게 되고 힘이 생기면 아주 여리게, 또는 아주 세게도 연주할 수 있게 됩니다.

pp = 피아니시모 (pianissimo), 매우 여리게　　　　*ff* = 포르티시모 (fortissimo), 매우 세게

아래의 악보를 보며 아주 크고 아주 작은 소리로 연주하는 연습을 해보세요.
너무 세게 연주하면 찢어지는 소리가 날 수 있고 너무 작게 연주하면 소리가 아예 안 들릴 수 있습니다.

연습 4.

(Tip)

다양한 음으로 연습하면 모든 음역에서 다양한 셈여림을 표현할 수 있게 될 것입니다.

연습 5.

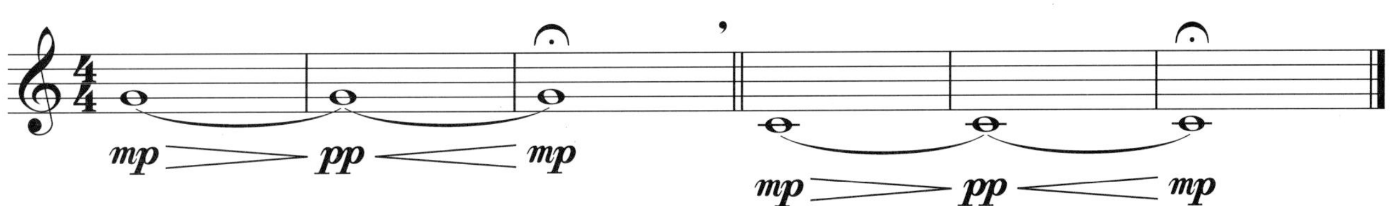

Lesson 20

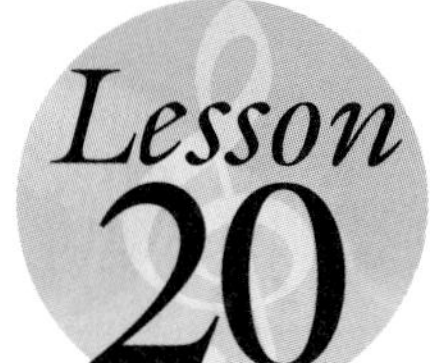

레슨 20을 위한 연주곡

Greensleeves (푸른 옷소매)

부드럽게

79

Got The Blues (우울한 마음)

느리고 분위기 있게

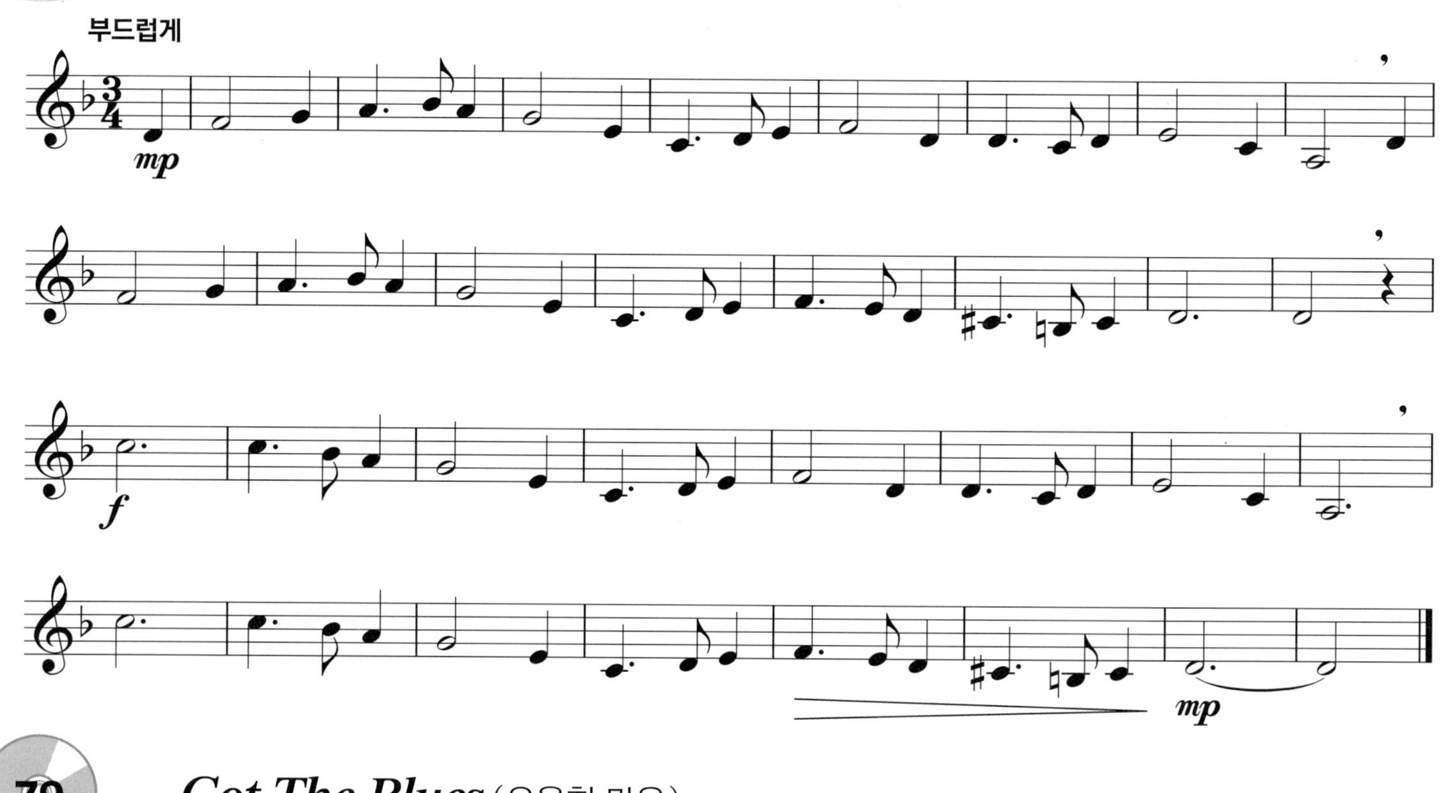

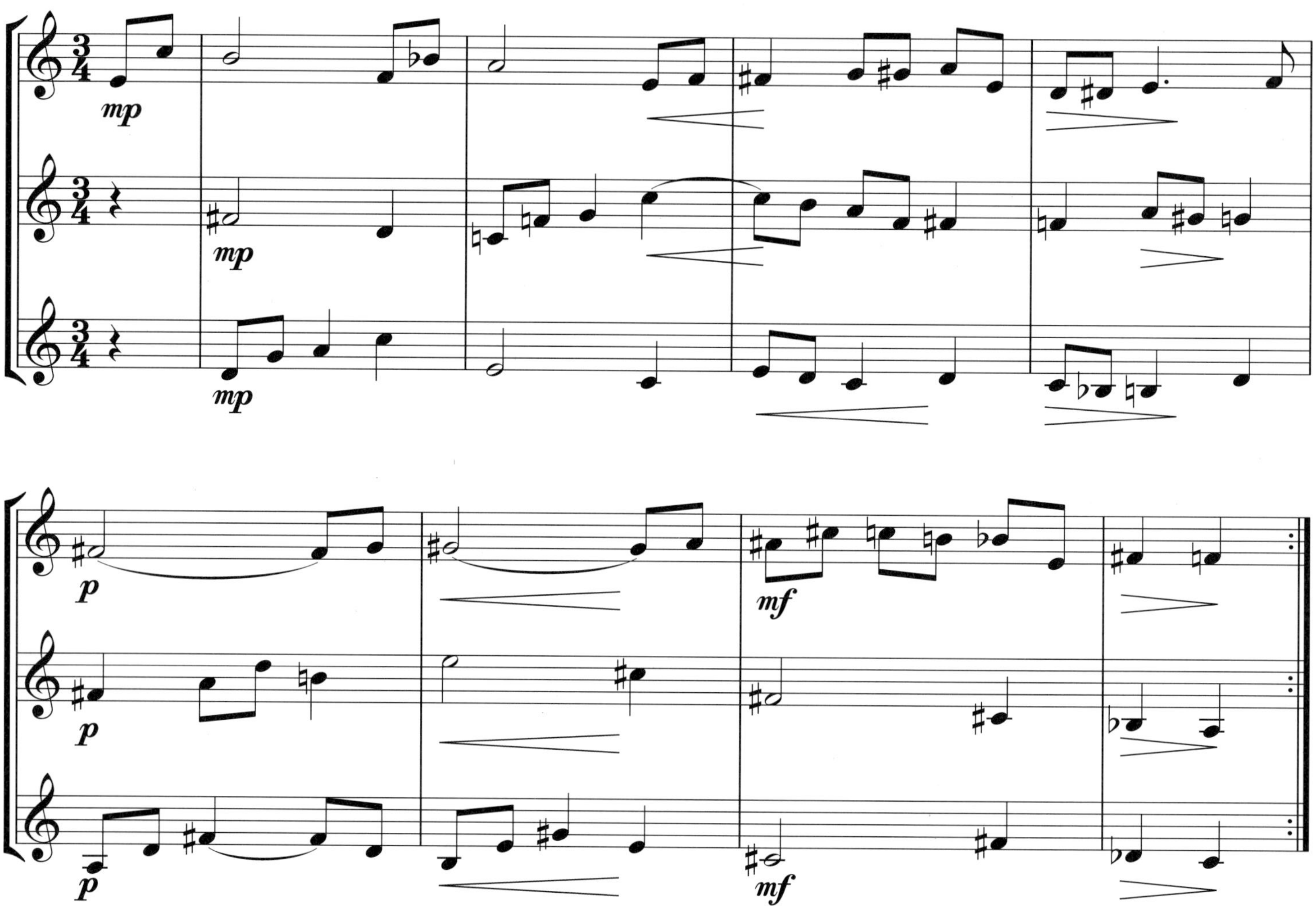

Lesson 16 ~ 20

1. 아티큘레이션

아티큘레이션을 잘 지켜 연주해보세요.

(6)

2. 조옮김

레슨 3으로 돌아가서 《성자의 행진》을 다른 조로 연주해보세요.
지금까지 배운 장조와 단조 중에서 하나를 고르면 됩니다.

(6)

3. 호흡 조절

호흡을 조절하고 안정적인 소리를 유지하며 아래 음을 연주해보세요.
3초가 지날 때마다 1점씩 받을 수 있습니다. 5점이 될 때까지 불어보세요.

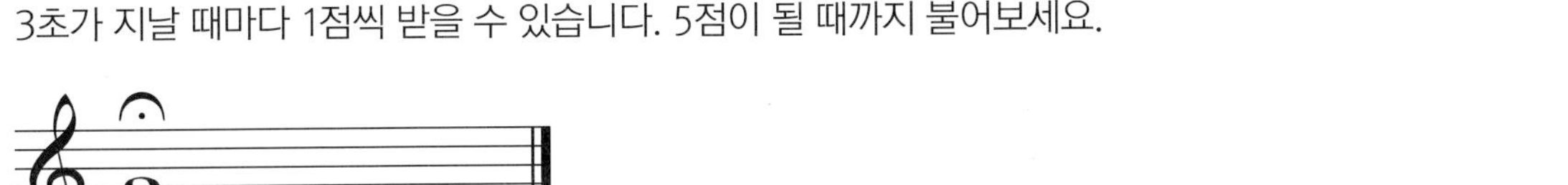

(5)

4. 셈여림표

아래 셈여림표를 가장 작은 소리부터 가장 큰 소리까지 순서대로 나열해보세요.

(3)

5. 아르페지오

다음 조의 아르페지오를 연주해보세요.

B♭장조   D장조   F장조   A단조   E♭장조

(5)

Total (25)

CD track

1	튜닝음 B♭	**37**	Au Clair de la Lune duet	**73**	Mango Walk *(연주)*
2	트럼펫 연주의 예	**38**	Long Long Ago *(연주)*	**74**	Mango Walk *(반주)*
3	G 소리내기 *(연주)*	**39**	Long Long Ago *(반주)*	**75**	Home Sweet Home duet
4	C 소리내기 *(연주)*	**40**	O Come All Ye Faithful *(연주)*	**76**	Blue Skies *(연주)*
5	Little C & D March *(연주)*	**41**	O Come All Ye Faithful *(반주)*	**77**	Blue Skies *(반주)*
6	Little C & D March *(반주)*	**42**	Yankee Doodle *(연주)*	**78**	Winding Up trio
7	Little F & G March *(연주)*	**43**	Yankee Doodle *(반주)*	**79**	Got The Blues trio
8	Little F & G March *(반주)*	**44**	Hark! The Herald Angels Sing *(연주)*		
9	C duet	**45**	Hark! The Herald Angels Sing *(반주)*		
10	G duet	**46**	Auld Lang Syne *(연주)*		
11	Lightly Row *(연주)*	**47**	Auld Lang Syne *(반주)*		
12	Lightly Row *(반주)*	**48**	In Dulci Jubilo *(연주)*		
13	Medieval Dance duet	**49**	In Dulci Jubilo *(반주)*		
14	Au Clair de la Lune *(연주)*	**50**	Oh! Susannah *(연주)*		
15	Au Clair de la Lune *(반주)*	**51**	Oh! Susannah *(반주)*		
16	Upidee duet	**52**	Deck The Halls *(연주)*		
17	When The Saints Go Marching In *(연주)*	**53**	Deck The Halls *(반주)*		
18	When The Saints Go Marching In *(반주)*	**54**	Lullaby duet		
19	Up The Old Vic *(연주)*	**55**	Joy To The World *(연주)*		
20	Up The Old Vic *(반주)*	**56**	Joy To The World *(반주)*		
21	Floating Along *(연주)*	**57**	Mulberry Bush *(연주)*		
22	Floating Along *(반주)*	**58**	Mulberry Bush *(반주)*		
23	Dance *(연주)*	**59**	Spanish Dance *(연주)*		
24	Dance *(반주)*	**60**	Spanish Dance *(반주)*		
25	Sailing Along duet	**61**	Jingle Bells – Jazz Style *(연주)*		
26	Joshua Fought The Battle Of Jericho *(연주)*	**62**	Jingle Bells – Jazz Style *(반주)*		
27	Joshua Fought The Battle Of Jericho *(반주)*	**63**	Blow The Boogie Woogie *(연주)*		
28	Steal Away *(연주)*	**64**	Blow The Boogie Woogie *(반주)*		
29	Steal Away *(반주)*	**65**	Believe Me If All Endearing Young charms *(연주)*		
30	Blue Tuesday duet	**66**	Believe Me If All Endearing Young charms *(반주)*		
31	Skye Boat Song *(연주)*	**67**	Home On The Range *(연주)*		
32	Skye Boat Song *(반주)*	**68**	Home On The Range *(반주)*		
33	Scarborough Fair duet	**69**	The First Noel *(연주)*		
34	When The Saints Go Marching In *(연주)*	**70**	The First Noel *(반주)*		
35	When The Saints Go Marching In *(반주)*	**71**	Swing Low, Sweet Chariot *(연주)*		
36	Medieval Dance duet *(반주)*	**72**	Swing Low, Sweet Chariot *(반주)*		

부록 CD

트랙 1은 튜닝음 B♭(트럼펫의 C음)이고
트랙 2는 트럼펫 연주의 예를 들려줍니다.
트랙 3부터는 책에 배열된 순서대로 곡이
수록되어 있습니다.

그림 위에 적힌 숫자가 트랙 번호입니다.

발행인 이병직
발행처 도서출판 뮤직트리

초판 1쇄 발행 2011년 6월 30일

출판신고 2003년 7월 11일 제 406 – 2003 – 00006호   121 – 840 서울시 마포구 서교동 395 – 179 미르B/D 3F TEL. 02)325 – 2592 FAX. 02) 334 – 4704

번   역 윤인영
감   수 이하재
편   집 강효정 · 박수연 · 윤인영 · 김지니
디자인 책임 이현정
디자인 진행 페이지 엠(www.page – m.com)

ISBN 978 – 89 – 6296 – 170 – 6
        978 – 89 – 6296 – 148 – 5 (set)

정가 10,000원

www.adventure.co.kr

부 록 Fingering Chart

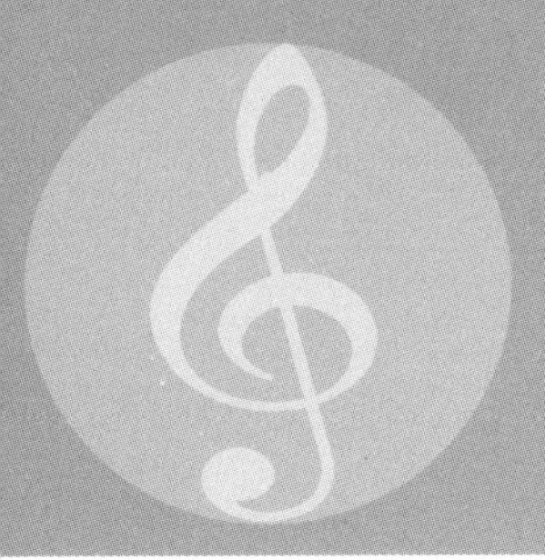

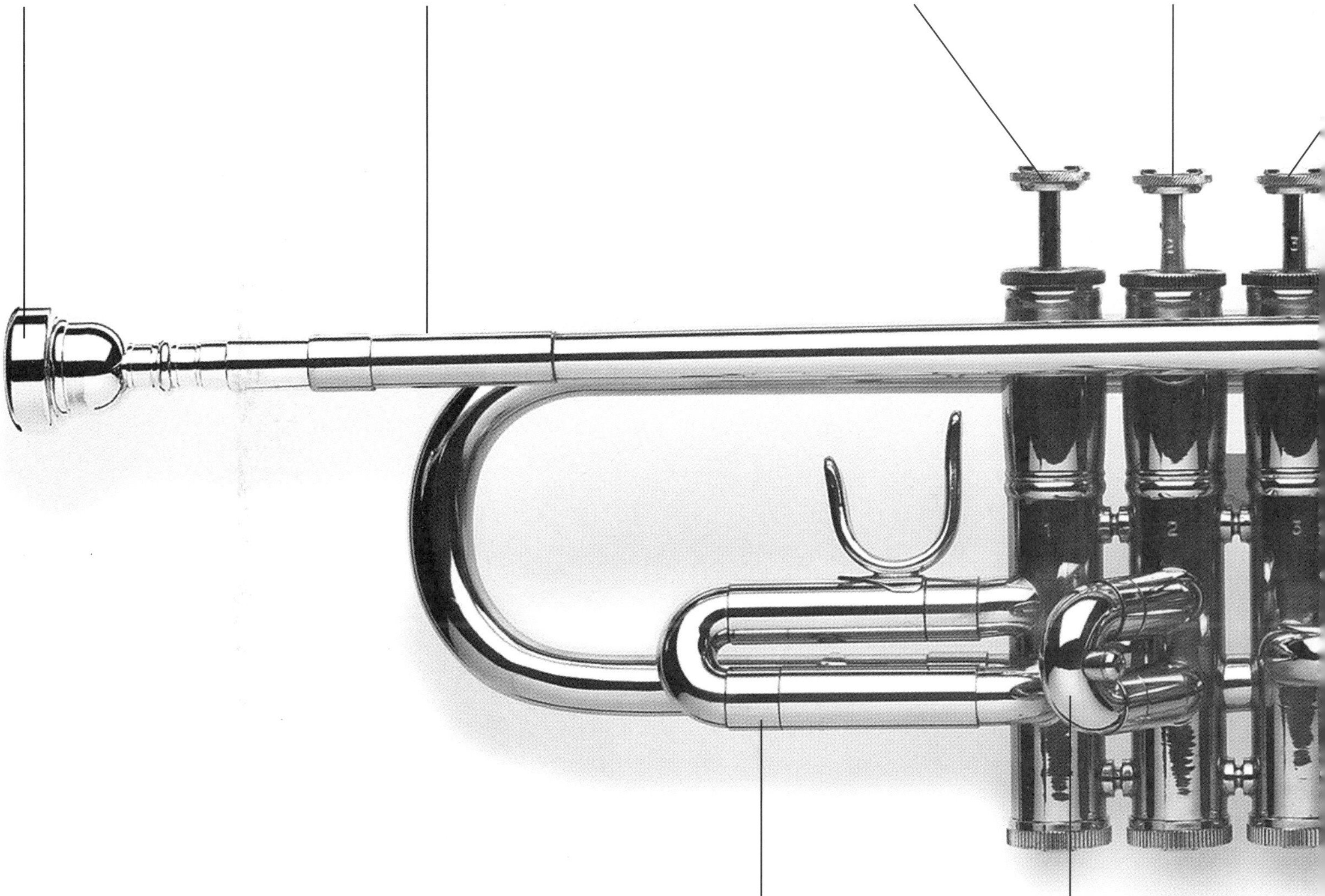
마우스피스 (Mouthpiece)
리드파이프 (leadpipe)
1번 밸브 (1st valve)
2번 밸브 (2nd valve)
1번 밸브 슬라이드 (1st valve slide)
2번 밸브 슬라이드 (2nd valve slide)

(=온음 1개) 낮은 소리를 냅니다.
이 됩니다. 이렇게 악보와 실제 소리가
라고 합니다.

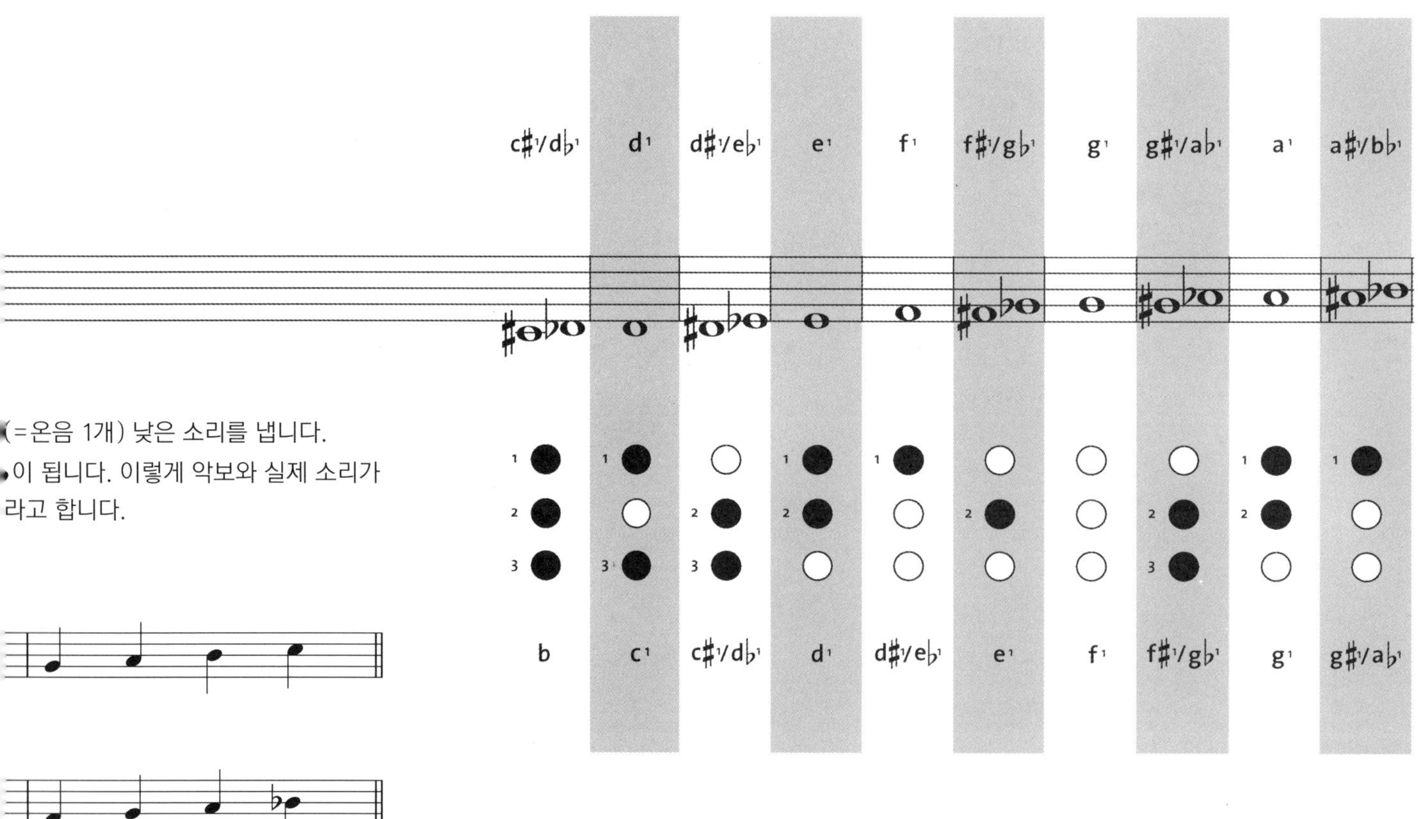

음이름과 음의 높이를 나타냅니다.

c¹ b¹ c² b² c³ b³ c⁴ b⁴ c⁵

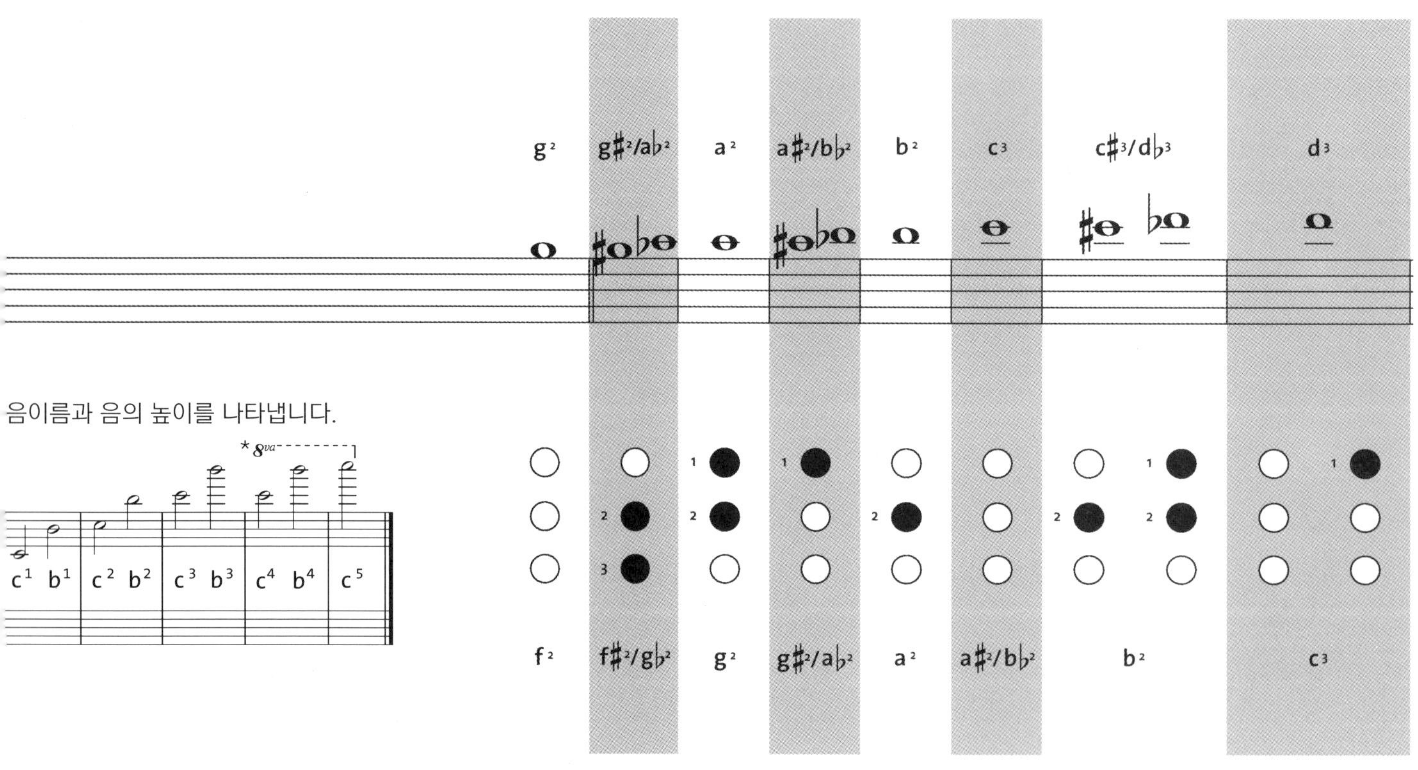

높다는 뜻
낮다는 뜻

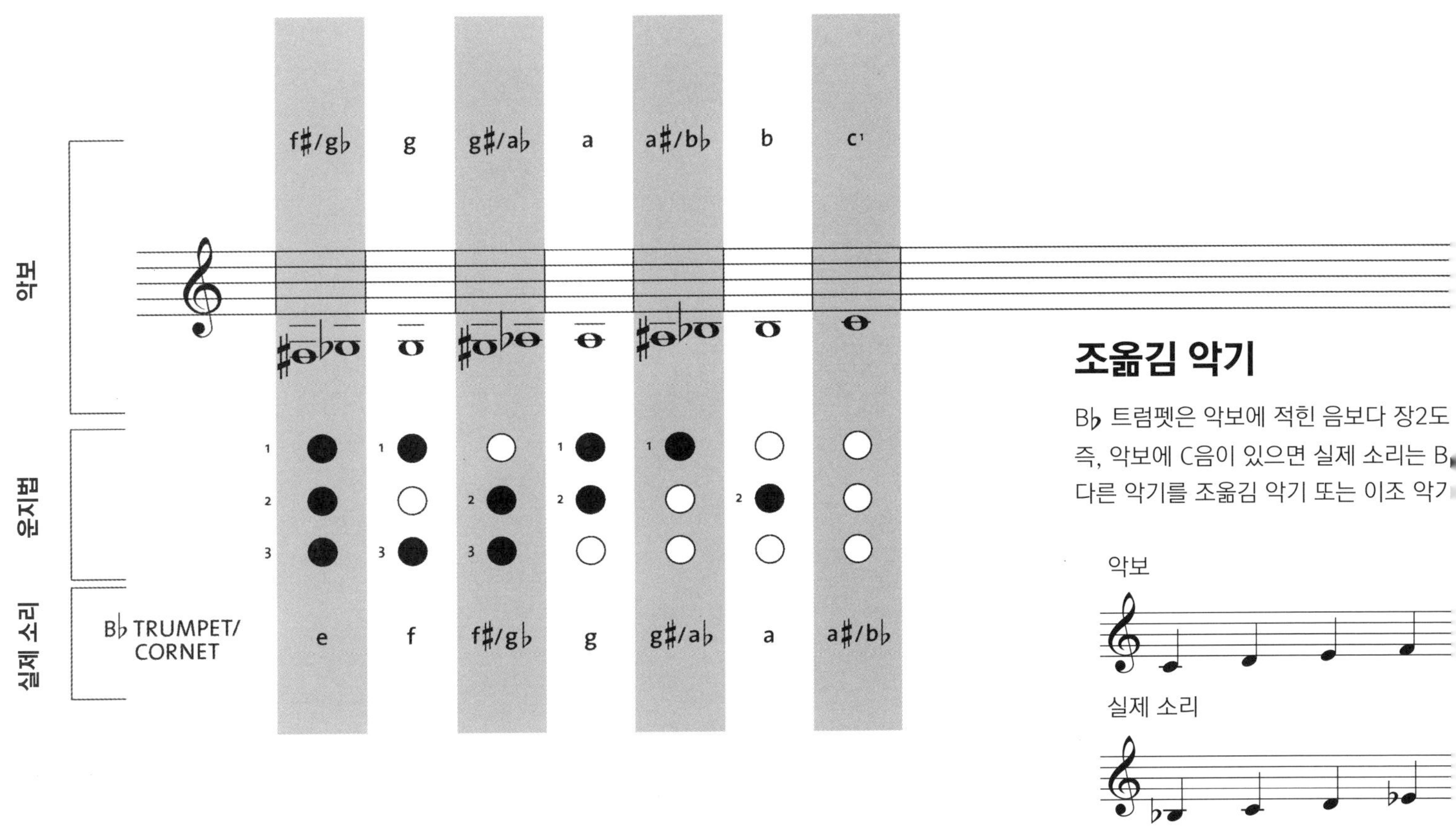

조옮김 악기

Bb 트럼펫은 악보에 적힌 음보다 장2도
즉, 악보에 C음이 있으면 실제 소리는 B
다른 악기를 조옮김 악기 또는 이조 악기

악보

실제 소리

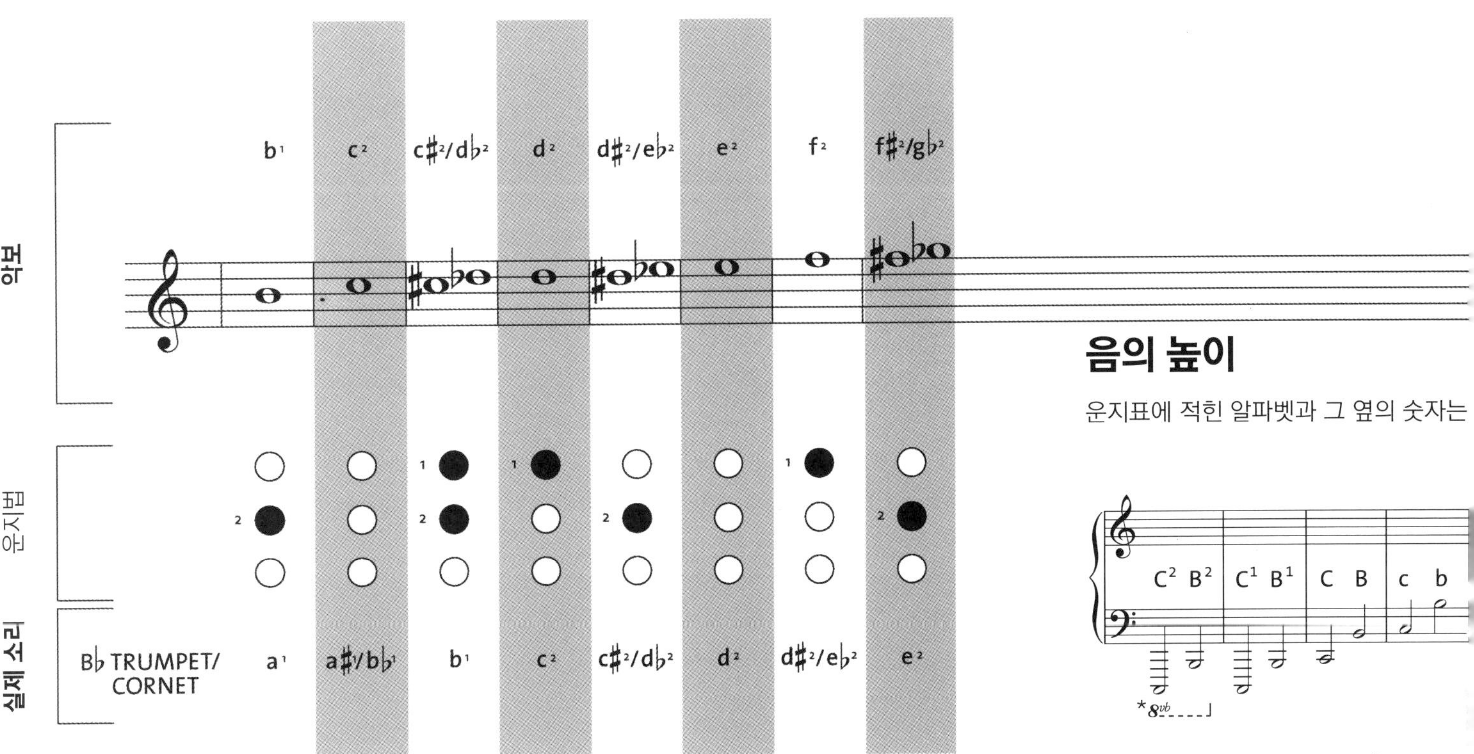

음의 높이

운지표에 적힌 알파벳과 그 옆의 숫자는

* 8va – 실제 소리는 악보보다 한 옥타
* 8vb – 실제 소리는 악보보다 한 옥타

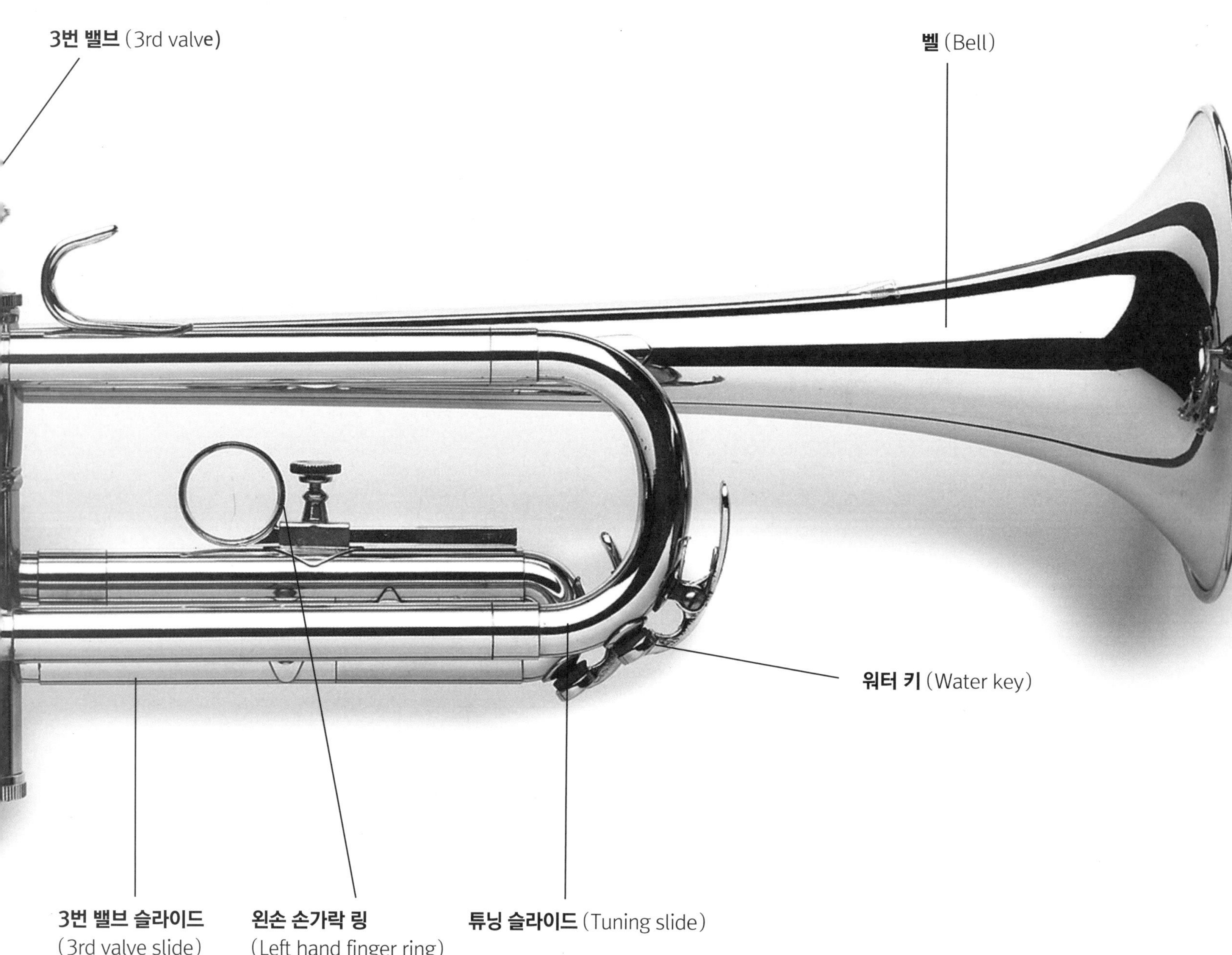

3번 밸브 (3rd valve)
벨 (Bell)
워터 키 (Water key)
3번 밸브 슬라이드
(3rd valve slide)
왼손 손가락 링
(Left hand finger ring)
튜닝 슬라이드 (Tuning slide)